Kohlhammer

Der Autor

Prof. Dr. med. Christoph Möller ist Chefarzt der Kinder- und Jugendpsychiatrie und -psychotherapie am Kinderkrankenhaus *Auf der Bult* in Hannover und Leiter der Suchttherapiestation *Teen Spirit Island.* Facharzt für Kinder- und Jugendpsychiatrie, Psychotherapie und Psychosomatik. Familientherapeut, Traumatherapie, analytisch interaktioneller Gruppentherapeut, Suchtmedizin, Balintgruppenleiter, Honorarprofessor an der Ostfalia-Hochschule in Wolfenbüttel und Supervisor. Zahlreiche Veröffentlichungen und Vortragstätigkeit.

Christoph Möller

JUGEND SUCHT

Ein Präventionsbuch –
Ehemals Abhängige berichten

6., überarbeitete Auflage

Verlag W. Kohlhammer

Dieses Werk einschließlich aller seiner Teile ist urheberrechtlich geschützt. Jede Verwendung außerhalb der engen Grenzen des Urheberrechts ist ohne Zustimmung des Verlags unzulässig und strafbar. Das gilt insbesondere für Vervielfältigungen, Übersetzungen, Mikroverfilmungen und für die Einspeicherung und Verarbeitung in elektronischen Systemen.

Pharmakologische Daten verändern sich ständig. Verlag und Autoren tragen dafür Sorge, dass alle gemachten Angaben dem derzeitigen Wissensstand entsprechen. Eine Haftung hierfür kann jedoch nicht übernommen werden. Es empfiehlt sich, die Angaben anhand des Beipackzettels und der entsprechenden Fachinformationen zu überprüfen. Aufgrund der Auswahl häufig angewendeter Arzneimittel besteht kein Anspruch auf Vollständigkeit.

Die Wiedergabe von Warenbezeichnungen, Handelsnamen und sonstigen Kennzeichen in diesem Buch berechtigt nicht zu der Annahme, dass diese von jedermann frei benutzt werden dürfen. Vielmehr kann es sich auch dann um eingetragene Warenzeichen oder sonstige geschützte Kennzeichen handeln, wenn sie nicht eigens als solche gekennzeichnet sind.

Es konnten nicht alle Rechtsinhaber von Abbildungen ermittelt werden. Sollte dem Verlag gegenüber der Nachweis der Rechtsinhaberschaft geführt werden, wird das branchenübliche Honorar nachträglich gezahlt.

Dieses Werk enthält Hinweise/Links zu externen Websites Dritter, auf deren Inhalt der Verlag keinen Einfluss hat und die der Haftung der jeweiligen Seitenanbieter oder -betreiber unterliegen. Zum Zeitpunkt der Verlinkung wurden die externen Websites auf mögliche Rechtsverstöße überprüft und dabei keine Rechtsverletzung festgestellt. Ohne konkrete Hinweise auf eine solche Rechtsverletzung ist eine permanente inhaltliche Kontrolle der verlinkten Seiten nicht zumutbar. Sollten jedoch Rechtsverletzungen bekannt werden, werden die betroffenen externen Links soweit möglich unverzüglich entfernt.

6., überarbeitete Auflage 2024

Alle Rechte vorbehalten
© W. Kohlhammer GmbH, Stuttgart
Gesamtherstellung: W. Kohlhammer GmbH, Stuttgart

Print:
ISBN 978-3-17-044737-0

E-Book-Formate:
pdf: ISBN 978-3-17-044738-7
epub: ISBN 978-3-17-044739-4

Die 1. Auflage war im Verlag Gesundheitspflege initiativ und die 3.–4. Auflage waren im Verlag Vandenhoeck & Ruprecht erschienen unter dem Titel »Jugend sucht: Ehemals Drogenabhängige berichten«.

*Den Jugendlichen gewidmet,
die auf der Suche nach ihrem Weg sind.*

Für Laura, Anna, Friedtjof und Clara

Grußwort
von Ursula von der Leyen

Kaum jemand, der es nicht selbst erlebt hat, kann sich vorstellen, wie herausfordernd der Umgang mit suchtkranken Menschen ist. Umso wichtiger und berührender sind die Geschichten der jugendlichen Patienten der Therapiestation »Teen Spirit Island« des Kinderkrankenhauses auf der Bult.

Ob es die Folgen der Computerspielsucht sind, die im vergangenen Jahr von der Weltgesundheitsorganisation in den weltweiten Katalog der Gesundheitsstörungen aufgenommen wurde. Oder ob es um den Konsum illegaler Drogen geht, der sich laut europäischer Beobachtungsstelle für Drogen und Drogensucht vor allem ein Thema für junge Menschen ist. Politik, Wissenschaft und wir alle als Gesellschaft müssen Antworten auf diese Gefahren finden. Der Schutz von Kindern und Jugendlichen ist zurecht eine der obersten Prioritäten für jede zivilisierte Gesellschaft. Die Kunst ist, die richtigen Instrumente zu finden, wie wir effektiv helfen und aufklären können. Dazu gehört zuallererst, die Situation drogenkranker Kinder und Jugendlicher, aber auch ihres Umfeldes und der Helferinnen und Helfer besser zu verstehen. Dazu leistet dieses großartige Buch von Professor Christoph Möller einen wichtigen Beitrag.

Die bewegenden Geschichten der Kinder und Jugendlichen erlauben uns tiefen Einblick in ihre Welt und lassen uns sensibler und aufmerksamer werden für traumatische Brüche in ihren Lebensläufen. Ich kann mir sehr gut vorstellen, dass dieses Buch auch für Eltern, Lehrer und Sozialarbeiter eine wertvolle Hilfe ist, um einen besseren Zugang zu Kindern und Jugendlichen in solch extremen Lebenslagen zu finden. Sie sind es, die Netze und Strukturen der Hilfe bauen können, die es ihren Schützlingen erlauben, wieder eigene Kräfte zu mobilisieren. Es geht darum Weichen zu stellen für Wege aus der Sucht. Ich war berührt von dem Zusammenhalt, dem großen Engagement und dem beeindruckenden Grad der Hilfsbereitschaft, die in diesem Buch geschildert werden.

Ich möchte mich für die Arbeit aller Beteiligten und Betroffenen aus der Therapiestation »Teen Spirit Island« bedanken. Diese Erfahrungen zu sammeln, in einem Buch aufzuarbeiten und mit uns zu teilen, ist ein großes Verdienst.

Grußwort
von Doris Schröder-Köpf

»Träume nicht dein Leben, sondern lebe deine Träume«, sagt die 17-jährige Saskia am Ende ihres Interviews. Damit spricht sie aus, was sich wahrscheinlich viele Jugendliche erhoffen, nachdem sie ihren Aufenthalt auf der Therapiestation »Teen Spirit Island« des Kinder- und Jugendkrankenhauses Auf der Bult in Hannover abgeschlossen haben.

Als Mutter und als Schirmherrin von »Teen Spirit Island« haben mich die Erfahrungsberichte dieser jungen Menschen im Alter von 14 bis 18 Jahren sehr ergriffen. Es ist sehr selten, dass man ungefiltert mit der Sichtweise derjenigen konfrontiert wird, deren Stimme allzu oft nicht wahrgenommen wird. Eindrücklich werden die Erfahrungen mit dem Drogen- und Medienkonsum und die sozialen Folgen beschrieben. Der Weg in die Drogenabhängigkeit fällt oftmals zusammen mit schweren psychischen Störungen und Problemen in der Familie.

Ein besonderer Schwerpunkt der Interviews liegt auf den Drogen Cannabis und Ecstasy und der Internet- und Computersucht, die in der Jugendszene häufig verharmlost werden. Schwierigkeiten in der Schule, einseitige Interessenorientierung auf den Drogenmissbrauch und ein schleichender Verfall der sozialen Bezüge werden plastisch geschildert.

Sicherlich wird die Lektüre dieses Buch eine Stütze und Anregung für Jugendliche sein, die eine Therapie benötigen. Aber auch Lehrer, Eltern und Sozialarbeiter können ihre Sensibilität für Jugendliche schärfen. Jugendliche haben häufig nicht gelernt, ihre Frustrationen aktiv zu reflektieren und zu bewältigen. Hierbei müssen Verantwortliche und Betroffene helfen, indem sie frühzeitig Fragen stellen, zuhören und wenn nötig professionelle Hilfe suchen.

Alle Interviewten sind ehemalige Patienten der Therapiestation »Teen Spirit Island«. Die Erzählungen zum Therapieverlauf zeigen, wie wichtig es ist, Entgiftung und Langzeittherapie miteinander zu verbinden. Erst nach einer harten Phase der Entgiftung können die Jugendlichen langsam wieder Halt finden und einen Sinn für unser Wertesystem entwickeln. Schritt für Schritt muss Vertrauen aufgebaut werden. Nur so kann erfahren werden, dass es eine echte Wahlmöglichkeit gibt: die Möglichkeit, sich für ein drogenfreies Leben zu entscheiden.

Dem Team von »Teen Spirit Island« wünsche ich auch nach über 25 Jahren herausragender und gesellschaftlich bereichernder Arbeit für die Zukunft viel Erfolg. Ich hoffe, dass möglichst viele junge hilfsbedürftige Menschen ebenso wie Saskia zu der Einsicht gelangen: »Das Leben hat nicht mehr mich in der Hand, sondern ich mein Leben.«

Vorwort
von Rainer Thomasius[1]

In den letzten Jahren weisen Untersuchungen in Deutschland hohe Steigerungsraten beim Konsum legaler und illegaler Suchtmittel (Tabak, Alkohol, Cannabis, Ecstasy, Amphetamine, Kokain) durch Kinder, Jugendliche und junge Erwachsene aus. Junge Menschen geraten immer früher mit Suchtmitteln in Kontakt, das Einstiegsalter sinkt. Aus Beratungs- und Behandlungsstellen wird von besonders intensivem Konsum dieser Substanzen durch Jugendliche berichtet.

Neu hinzu gekommen ist die Internet- und Computer-Sucht, die von der American Psychiatric Association in der DSM-5 unter Internet Gaming Disorder als Forschungsdiagnose aufgeführt ist. Auch in den Katalog der ICD-11 wurde die Diagnose aufgenommen.

Riskante Konsumformen und übermäßiger Mediengebrauch sind mit teilweise erheblichen gesundheitlichen Folgen verbunden. So werden bei manchen jungen Konsumenten Entwicklungsstörungen infolge eines Substanzmissbrauchs beobachtet (ungünstige Auswirkungen des Substanzmissbrauchs auf die Persönlichkeitsentwicklung, Leistungsfähigkeit, Motivation etc.), des Weiteren psychische Störungen (Depressive Störungen, Angststörungen, Psychosen etc.) und körperliche Erkrankungen (Hirnleistungsstörungen, Infektionen, Vergiftungen etc.). Heute stellen die Suchtstörungen eines der zahlenmäßig größten Risiken für die altersgerechte Entwicklung und Gesundheit im Kindes- und Jugendalter dar.

Aus der klinischen Arbeit mit betroffenen Kindern und Jugendlichen ist bekannt, dass die Gründe für die Zunahme der Suchtstörungen in dieser Altersgruppe auf mehrere Einflüsse zurückzuführen sind: gestiegene Griffnähe (Konsumangebote in Freundeskreis und Nachbarschaft), veränderte Einstellungen und Erwartungshaltungen (»Spaßkultur«), konsumierende Peers, nachlassende soziale Kontrolle (gesellschaftliche und familiäre Funktionen), Substanzmissbrauch der Eltern sowie seelische Traumatisierungen und Störungen im Kindes- und Jugendalter.

---

1 Professor und Chefarzt am Universitätsklinikum Hamburg-Eppendorf, Zentrum für Psychosoziale Medizin.

Vorwort von Rainer Thomasius

Der wachsenden Zahl suchtgefährdeter und süchtiger Kinder, Jugendlicher und junger Erwachsener stehen in Deutschland nach wie vor erhebliche Defizite und Mängel in der therapeutischen Versorgung speziell dieser Altersgruppe gegenüber. Um suchtgefährdete und süchtige Kinder und Jugendliche frühzeitig und gezielt zu befähigen, auf einen Suchtmittelkonsum zu verzichten, ist ein weiterer Ausbau des Hilfesystems dringend erforderlich. Dabei gibt es manches zu berücksichtigen: Ausstiegshilfen für Kinder und Jugendliche müssen abstinenzorientiert sein. Die Angebotsstrukturen müssen kind- und jugendgerecht ausgerichtet werden. Die Therapie muss familien-, entwicklungs- und störungsorientiert sein. Persönliche, familiäre und soziale Konflikte, die dem Substanzmissbrauch häufig zugrunde liegen, müssen rechtzeitig erkannt und im Therapieprozess einer Lösung zugänglich gemacht werden. Mit Ausnahme weniger Modelleinrichtungen (deren Zahl glücklicherweise steigt) werden diese Anforderungen in Deutschland jedoch bislang bei weitem nicht erfüllt.

Dieses Buch enthält eine Dokumentation über zehn Interviews, die mit süchtigen Jugendlichen geführt worden sind. Der Autor Christoph Möller hat mit jungen Patientinnen und Patienten gesprochen, als sie am Ende ihrer Suchttherapie in »Teen Spirit Island« (TSI) standen. Diese Facheinrichtung gehört zu den wenigen stationären Modellen für süchtige Kinder und Jugendliche in Deutschland. »Teen Spirit Island« und das Team von Christoph Möller haben inzwischen einen über 25-jährigen Erfahrungsschatz gesammelt. Christoph Möller war maßgeblich am Aufbau dieser Einrichtung beteiligt. Heute leitet der Kinder- und Jugendpsychiater, der als Suchtexperte große Anerkennung erhält, als Chefarzt die Abteilung Kinder- und Jugendpsychiatrie, Psychotherapie und Psychosomatik am Kinder- und Jugendkrankenhaus Auf der Bult, zu der auch »Teen Spirit Island« gehört.

Die Gesprächspartner von Christoph Möller sind zwischen 14 und 18 Jahre alt; alle wiesen eine schwerwiegende Suchterkrankung oder Medienabhängigkeit auf, als sie in »Teen Spirit Island« angekommen waren. Der Autor hat seine Fragen behutsam gestellt: Warum hast du Drogen genommen? Welche erwünschte Wirkung haben die Substanzen bei dir hervorgerufen? Wie hat sich der Substanzmissbrauch auf dein Zusammenleben mit Eltern, Geschwistern und Freunden ausgewirkt? Welchen Einfluss hatte der Konsum von Alkohol, Drogen und Medien auf deine Schulausbildung und Entwicklung? Mit welchen seelischen und körperlichen Auswirkungen war der Substanzmissbrauch und Medienkonsum verbunden?

Die Offenheit, mit der die Jugendlichen diesen Fragen begegnen, ist beeindruckend. Der Leser wird bei der Lektüre der Interviews an sehr persönliche Schilderungen der Jugendlichen herangeführt; diese Darstellungen gehen unter die Haut. Man spürt, dass die Jugendlichen in vertrauter Atmosphäre Auskunft über sich gegeben haben.

Der Leser erfährt aus den Berichten der Jugendlichen viele Details über deren anfangs kontrollierten, dann aber zusehends entgleisenden Konsum legaler und illegaler Suchtmittel und den exzessiven Mediengebrauch. Der Weg in die Sucht, das lehren die Schilderungen der jungen Patienten, wird nicht etwa in aller Abgeschiedenheit beschritten. Vielmehr unterhalten die meisten suchtgefährdeten beziehungsweise süchtigen Kinder und Jugendlichen enge persönliche Kontakte. Die Sucht der Jugendlichen wirkt sich in besonderer Weise auf die Beziehungen zu nahen Angehörigen aus. In umgekehrter Richtung hat das Verhalten der Angehörigen einen wichtigen Einfluss auf die Suchtentwicklung des Jugendlichen. Gerade zu Beginn des Substanzmissbrauchs oder der exzessiven Mediennutzung suchen viele Jugendliche im Rausch eine Abkehr von familiären Spannungen und Konflikten.

Nicht jeder Konsum von Alkohol, illegalen Drogen oder Medien mündet zwangsläufig in der Abhängigkeit. Das Risiko süchtig zu werden, ist von vielen Faktoren abhängig. Gefährdet sind vor allem jene Jugendliche, die bereits in ihrer Kindheit besonderen inneren und äußeren Belastungen ausgesetzt gewesen waren. Die Aufzeichnungen der Interviews geben dafür eindrucksvolle Beispiele ab. Fast durchgängig sprechen die jungen Interviewpartner ihre verlorene Kindheit an, die nicht selten durch einen Mangel an Fürsorge und Verbundenheit und in manchen Fällen durch frühe Gewalterfahrung gekennzeichnet ist.

Trotz solcher anhaltenden Traumatisierungen kam kaum jemand aus eigener Initiative nach »Teen Spirit Island«. Süchtige Jugendliche haben in der Regel keine Einsicht in ihr Suchtproblem. Wer die berauschende Wirkung eines Suchtmittels oder der Computerspiele – aber manchmal auch die Umstände des Konsums – erst kürzlich zu schätzen gelernt hat, der will sich nicht behandeln lassen. Daher führt häufig erst der Druck durch Angehörige, Lehrer oder Betreuer zur Einweisung in die Klinik. Diesen Umstand wissen die jungen Patienten erst am Ende der Therapie zu würdigen, zu einem Zeitpunkt also, zu dem die stabilisierte Psyche den Blick für die eigene Lebensgeschichte frei macht.

Ein weiter Aspekt sticht aus der Fülle der Schilderungen hervor: Bei der Behandlung des Suchtproblems fühlen sich Jugendliche durch ganz unterschiedliche Therapieelemente angesprochen. So unterschiedlich wie ihre Biografien sind, so verschieden fällt auch die Bewertung all dessen aus, was aus der Sucht herausgeführt hat. Nach wissenschaftlichen Erkenntnissen wird der Erfolg der Suchttherapie bei Kindern und Jugendlichen entscheidend durch das Maß an Flexibilität bestimmt, die Behandlung an den Bedürfnissen und Erfordernissen des Einzelfalls auszurichten. Am deutlichsten bringen dies die Interviewpartner zum Ausdruck, indem sie sagen, dass sie sich auf »Teen Spirit Island« verstanden gefühlt haben. Dieses Gefühl ist der Nährboden für eine positive Richtungsänderung.

Die befragten Jugendlichen wollen nach ihrer Entlassung aus der Suchttherapie vom Drogen- und Medienzwang befreit bleiben. Sie möchten ihre Schulausbildung nachholen, sagen sie, und all die anderen Dinge, die in der langen Phase des Substanzmissbrauchs oder Computerspielens auf der Strecke geblieben sind. Was, fragt Christoph Möller, ist am Ende einer Suchttherapie noch Positives über Drogen zu erwähnen? Nichts, antworten die Jugendlichen.

Die abgedruckten Interviews veranschaulichen in einer auch für den Laien leicht verständlichen Weise, welche individuellen, familiären und sozialen Konstellationen im Einzelfall dazu beitragen können, dass Kinder und Jugendliche in der Sucht nach Alkohol, Drogen und Computerspielen einen Ausweg aus ihrem persönlichen Dilemma suchen. Zugleich belegen die Schilderungen der behandelten Suchtpatienten exemplarisch, dass betroffene Jugendliche erfolgreich aus dieser Sackgasse in ein von Drogen befreites und selbstbestimmtes Leben herausgeführt werden können, wenn kompetente Hilfestellung angeboten wird. Die Lektüre des Buches ist gerade aus dem zuletzt genannten Grund sehr ermutigend. Betroffene Jugendliche, besorgte Eltern, Experten der Jugendhilfe, Suchthilfe und Pädagogik sowie viele andere am Thema Interessierte können gleichermaßen davon profitieren.

Ich wünsche diesem Buch, dass es viel gelesen und als eine Hilfe genutzt wird, Zugang zu diesem sehr wichtigen Thema zu finden, das unsere Gesellschaft aller Voraussicht nach auch in Zukunft intensiv beschäftigen wird.

Christoph Möller und den Mitarbeiterinnen und Mitarbeitern von »Teen Spirit Island« wünsche ich Mut, Erfolg und Glück für ihre Tätigkeit.

Inhaltsverzeichnis

Grußwort von Ursula von der Leyen		7
Grußwort von Doris Schröder-Köpf		8
Vorwort von Rainer Thomasius		11

Teil I Einführung – Suchtformen und Therapieansätze

Einleitung		**19**
1	**Abhängigkeit bei Kindern und Jugendlichen**	**21**
1.1	Konsummuster im Jugendalter	21
1.2	Alkohol	21
1.3	Nikotin	25
1.4	Cannabis	27
1.5	Synthetische Drogen	32
1.6	Weitere Substanzen	33
1.7	Internet- und Computersucht	34
1.8	Was ist Sucht?	36
1.9	Wie kommt es zur Abhängigkeit?	36
1.10	Folgen des Drogenkonsums	38
1.11	Adoleszenz und Abhängigkeit	39
1.12	Was können Angehörige, Freunde und Lehrer tun?	40
1.13	Ambulantes Behandlungskonzept mit Schwerpunkt Internet- und Computersucht	41
1.14	Die Therapiestation Teen Spirit Island	42
1.15	Kooperationsnetzwerk für drogenabhängige Jugendliche	45
2	**Lernen Kinder digital? Ab wann sind digitale Bildschirmmedien sinnvoll für das Lernen?**	**47**
2.1	Mediennutzung	48
2.2	BLIKK-Studie	49

2.3	Soziale Medien	50
2.4	Digitale Bildschirmmedien und Schulleistung	51
2.5	Neuroplastizität	54
2.6	Ausblick	56

3	**Resilienz – Risiken und Chancen in der kindlichen Entwicklung: Suchtprävention durch frühe Bindung**	**60**
3.1	Fallbeispiele	60
3.2	Was ist Resilienz?	61
3.3	Emmy Werner	61
3.4	Risiken und Herausforderungen in der heutigen Zeit	62
3.5	Interessante Untersuchungen und Persönlichkeiten	65
3.6	Wie kann Resilienz gefördert werden	68
3.7	Fallbeispiele	71

Literatur	**73**
Quellenverzeichnis	73
Weiterführende Literatur	75

Teil II Interviews – Ehemals Abhängige berichten

4	**Die Interviews**	**79**
	Ich habe nicht gedacht, dass die mir was Schlechtes wollen	80
	Weihnachten, Silvester und Geburtstag im Gefängnis	83
	Mit einer Psychose in Amsterdam	88
	50 Euro am Tag weggekifft	96
	Wegen der Drogen habe ich mein Kind weggegeben	100
	Anfangs hat es Spaß gemacht und geholfen zu vergessen	106
	Ich war ganz allein	109
	Kiffen in zweiter Generation	113
	Ich wollte der King sein	118
	Mit der Sucht durch den Alltag	123
	Ich hatte keine Freunde – World of Warcraft war meine Welt	126
	Hier habe ich Trost und Anerkennung gefunden	133
5	**Fazit**	**138**

Teil I Einführung – Suchtformen und Therapieansätze

Einleitung

Drogenabhängigkeit bei Jugendlichen ist ein Thema, das die meisten Leser emotional berührt. Viele Menschen treten diesen Jugendlichen mit Unverständnis, Angst und Ablehnung gegenüber. Diese Jugendlichen begegnen uns zum Beispiel am Bahnhof, oder in der Innenstadt mit ihren Hunden. Sie betteln um Geld und fallen durch ihr oft buntes Erscheinungsbild oder durch ihr lautstarkes Auftreten auf. Diese Bilder werden viele bei diesem Thema vor Augen haben. Sie machen aber nur einen kleinen Anteil der Drogenproblematik aus. Ein relativ neues Phänomen ist, dass manche Jugendliche das Haus gar nicht mehr verlassen, sich nur noch mit Computerspielen beschäftigen und auch hier süchtiges Verhalten entwickeln.

Als Kinder- und Jugendpsychiater und Psychotherapeut durfte ich viele dieser Jugendlichen in einem therapeutischen Setting über Monate begleiten. Ich habe viele Lebensgeschichten gehört und Veränderungen in der Lebensgestaltung miterlebt. Wenn ich die Lebensgeschichte der Jugendlichen kennenlerne, wird vieles nachvollziehbar und auch verständlich. Sie haben in ihrer Vorgeschichte Gewalt, Traumatisierungen, sexuelle Übergriffe, Ablehnung, Verständnislosigkeit, Beziehungsabbrüche und anderes Negatives erfahren. Der Weg in die Abhängigkeit ist vielfach eine Flucht aus der Lebensrealität, ein Versuch, mit Drogen oder exzessivem Mediengebrauch die Schmerzen zu lindern oder vorübergehend zu vergessen.

In einem ersten Teil werden die am häufigsten konsumierten Drogen vorgestellt und der gesellschaftliche Rahmen beschrieben, in dem Phänomene wie das sogenannte Komasaufen zu verstehen sind. Auch auf die Frage nach der Legalisierung von Cannabis wird aus Sicht der Kinder- und Jugendpsychiatrie eingegangen.

Ein spezielles Behandlungsangebot für drogen- und computerspielsüchtige Jugendliche wird vorgestellt, die Therapiestation »Teen Spirit Island« am Kinder- und Jugendkrankenhaus Auf der Bult in Hannover. Diese Einrichtung blickt mittlerweile auf eine über 25-jährige Erfahrung zurück und hat Pionierarbeit geleistet bei der Entwicklung therapeutischer Konzepte sowohl bei den stoffgebundenen Süchten wie auch der Internet- und Computersucht. Als nach 10 Jahren immer häufiger junge Menschen mit der Symptomatik einer Internet- und Computersucht auftauchten wurde deutlich, dass wir hier einen neuen Schwerpunkt entwickeln müssen. 2010 wurde das Behandlungsanbot um 6 Plätze für diese Patienten erweitert.

Durch die Digitalisierung verändern sich die Rahmenbedingungen der Kindheit und Jugend. Schulen und schon Kindergärten werden mit digitalen Medien ausgestattet und das Lernen soll zunehmend digital erfolgen. Ein Kapitel widmet sich der Frage, ob der Mensch digital lernt und ab wann digitale Medien sinnvoll für das Lernen sind und, ob es Voraussetzungen für einen selbstbestimmten und damit nicht süchtigen Umgang mit diesen Medien gibt.

Gerade unter präventiven Gesichtspunkten darf die Frage nicht vernachlässigt werden, was Kinder für eine gesunde seelische Entwicklung brauchen. Darauf wird im Abschnitt Resilienz eingegangen.

In den Interviews kommen die Jugendlichen selbst zu Wort. Nach zum Teil langer Therapieerfahrung haben sie Worte gefunden, ihr Leben und ihre Erfahrungen zu beschreiben und dem Leser zugänglich zu machen. Es sind Lebensgeschichten geprägt von Extremen, mit denen viele Leser vielleicht bisher kein Kontakt hatten, oder dies nur aus Krimis kennen. In einem Vorspann wird der Kontext der Interviews erläutert.

Dieses Buch hat nicht den Anspruch eines Lehr- oder Fachbuches. Es ist auch kein Eltern- oder Lehrerratgeber. Hier ist in den letzten Jahrzenten eine erfreuliche Zahl fundierter und lesenswerter Bücher entstanden. Das Buch richtet sich in einer gut verständlichen Sprache an eine breite Leserschaft. Um die Lesbarkeit zu erhöhen, wurden fachliche Inhalte weitestgehend ohne konkrete Literaturangaben komprimiert wiedergegeben. Auf weiterführende und vertiefende Literatur wird im Literaturverzeichnis verwiesen. Dieses Buch soll vielmehr anregen, sich mit der Thematik des Konsums legaler und illegaler Drogen, dem exzessiven Mediengebrauch im Kindes- und Jugendalter und den gesellschaftlichen Rahmenbedingungen auseinanderzusetzen. Die Interviews im zweiten Teil des Buches sprechen dabei für sich. Wenn Sie, lieber Leser, ein Verständnis für die Lebensgeschichten der betroffenen Jugendlichen entwickeln und sich anregen lassen, ihre Haltung kritisch zu hinterfragen, ist ein Ziel dieses Buches erreicht. Dem Kind und Jugendlichen ein liebevolles Gegenüber zu sein, Halt, Schutz und Orientierung zu geben, ist gute Prävention und Therapie.

1 Abhängigkeit bei Kindern und Jugendlichen

1.1 Konsummuster im Jugendalter

In Deutschland unterscheiden wir zwischen legalen und illegalen Drogen. Der Konsum der beiden legalen Drogen Alkohol und Nikotin ist trotz vieler negativer Folgen weit verbreitet und sollte insbesondere mit Blick auf die Kindheit und Jugend nicht vernachlässigt werden.

1.2 Alkohol

In Deutschland betreiben rund 9 Millionen Menschen einen riskanten Alkoholkonsum, bei ca. 3 Millionen Menschen sprechen wir von einem Alkoholmissbrauch und einer Alkoholabhängigkeit. Ca. eine halbe Million dieser Menschen ist im Alter von 12 bis 21 Jahren. Es gibt über 100 Folgeerkrankungen, die auf übermäßigen Alkoholkonsum[2] zurückzuführen sind. An den Folgen des Alkoholkonsums und dieser durch Alkohol ausgelösten Krankheiten sterben jährlich um die 70.000 Menschen. Diese werden nicht in die Statistik der Drogentoten gerechnet, da es sich um ein legales Genussmittel handelt. Die Zahl der Drogentoten schwankt in den letzten Jahren zwischen 1.000 bis 2.000 und geht überwiegend auf eine Überdosierung von Heroin oder morphinhaltige Substanzen zurück.

Ein in der Öffentlichkeit sehr präsentes Phänomen ist das sogenannte Komasaufen unter Jugendlichen. Hierbei werden größere Mengen hochprozentigen Alkohols häufig als Mixgetränk in kurzer Zeit getrunken. So leeren z.B. drei Mädchen am späten Nachmittag gemeinsam eine Flasche Wodka, dies

---

[2] Für Zahlen zur Häufigkeit der einzelnen Drogen siehe die jeweils aktuellen Veröffentlichungen der Drogenaffinitätsstudie der Bundeszentrale für gesundheitliche Aufklärung (BzGA), Drogen- und Suchtbericht der Bundesregierung, Jahrbuch Sucht der Deutschen Hauptstelle für Suchtfragen (DHS), Europäischer Drogenbericht.

wird auch »Vorglühen« genannt, um anschließend in die Diskothek zu gehen. In Clubs und Supermärkten werden inzwischen regelmäßig Alterskontrollen durchgeführt, so dass sich der Alkoholkonsum eher auf die Straße verlagert und anschließend drinnen gefeiert wird. In den großen Supermärkten bekommt man bis 22 Uhr, teilweise bis Mitternacht, Alkohol zu günstigen Preisen angeboten. Um die Alterskontrolle zu umgehen kann man einen der Tippelbrüder, die sich gerne an solchen Orten aufhalten, bitten gegen ein kleines Entgelt das Gewünschte zu besorgen. Die Übergabe des Alkohols an den Minderjährigen ist hierbei strafbar, muss aber direkt beobachtet werden, um dies zu ahnden. Seit der Jahrtausendwende kam es zu einem rasanten Anstieg von Krankenhauseinweisungen von Alkohol intoxikierten Jugendlichen. In den letzten Jahren ist dieser Trend wieder rückläufig, aber immer noch auf einem hohen Niveau. Während der Corona-Pandemie war das Komasaufen deutlich rückläufig, da es kaum Gelegenheiten gab, sich öffentlich und kollektiv zu betrinken. Der Alkohol- und Drogenkonsum hat in dieser Zeit aber vor allem in den privaten Haushalten eher zugenommen. Die Gruppe der exzessiv trinkenden Jugendlichen ist inzwischen in der Altersgruppe der jungen Erwachsenen. Vor allem die Kinderkliniken waren dem Ansturm dieser Jugendlichen anfangs kaum gewappnet, da statt schwerkranker Kinder plötzlich saufende, teilweise aggressive, pöbelnde Jugendliche auftauchten, die sich übergeben und ihre Notdurft in die Windeln verrichten. Am nächsten Morgen wurde man mit der höchsten Promillezahl zum König der Nacht gekürt. Lange war das Trinken eine Domäne der Männer. Beim Komasaufen hinken die Mädchen den Jungen kaum hinterher. Hier spielen die »Alkopops« und andere alkoholische Mixgetränke eine Rolle. Man schmeckt den Alkohol kaum, hat eine bunte Limonadenflasche in der Hand und kann die Eltern noch beruhigen, dass der Promillegehalt ja nicht so hoch sei. So werden auch Jugendliche an Alkohol herangeführt, die diesen geschmacklich ablehnen würden.

In einem Tierversuch hat man Ratten hochprozentigen Alkohol angeboten, den diese ablehnten. Als man den Alkohol mit Zucker versetzte, sozusagen einen Alkopop daraus machte, haben sie diesen getrunken. Als der Zuckergehalt reduziert wurde, tranken die Ratten auch den reinen Alkohol. Bier und Wein dürfen laut Jugendschutzgesetz ab 16 Jahre verkauft werden, spirituosenhaltige Getränke, damit auch Alkopops, erst ab 18 Jahre. Der erste Alkoholkonsum findet mit ca. 13 Jahren statt, der erste Alkoholrausch häufig mit 14 Jahren. Jährliche Testkäufe auf Weihnachtsmärkten zeigen, wie leicht es nach wie vor ist, als Minderjähriger an Alkohol zu kommen. Das erste legale Besäufnis in ländlichen Regionen scheint die Konfirmation zu sein, tief verwurzelte Traditionen im Umgang mit Alkohol.

1 Abhängigkeit bei Kindern und Jugendlichen

In Deutschland werden jedes Jahr über 9 l reiner Alkohol pro Kopf getrunken, damit liegen wir im internationalen Vergleich weit vorne. In wenigen Ländern ist der Alkohol so billig und frei verfügbar. Die Besteuerung liegt deutlich unter dem EU-Durchschnitt. Früher wurden gesundheitlich tolerable Grenzen für den täglichen Konsum definiert als 10 bis 12 g (ein kleines Glas Bier) für Frauen und 20 bis 24 g (0,1 l Wein oder ein 0,5 l Bier) für Männer. Diese Grenzen werden beim gemütlichen Feiern schnell überschritten. Inzwischen werden derartige Richtwerte von der Weltgesundheitsorganisation (WHO) in Frage gestellt. Man geht davon aus, dass schon geringe Mengen Alkohol gesundheitliche Risiken haben und dass die vereinzelten positiv beschriebenen Effekte z.B. auf die Herzkranzgefäße durch die negativen Effekte aufgehoben werden. Insbesondere bei Jugendlichen ist zu bedenken, dass ein späterer Beginn des Alkoholkonsums das Riko senkt, später ein problematisches Trinkverhalten zu entwickeln. Bei frühem exzessivem Trinken kann es schon im Jugendalter zu Veränderungen der Hirnsubstanz kommen und die Wahrscheinlichkeit eines späteren Alkoholismus steigt. Da viele Folgekrankheiten, wie Krebs oder Leberzirrhose erst nach langjährigem Konsum auftreten, liegt dies außerhalb des Erlebnis- und Erfahrungshorizontes der Jugendlichen. Präventionskampagnen spielen vielfach auf diese Risiken an, die Jugendliche schwer erreichen. In den Kronkorken der Alkopops wurden zeitweise Warnbilder angebracht, die deutlich machen, was bei übermäßigem Konsum passieren kann. Auf einem zog sich ein Mädchen das T-Shirt hoch. Dies mag viele Frauen abschrecken, aber für hartgesottene Jungs war dies eher eine Anregung und Anleitung, wie sie ein Mädchen verführen können. Neben körperlichen Gefahren steht Alkoholkonsum im Jugendalter in Zusammenhang mit ungewollten Schwangerschaften, sexuell übertragbaren Krankheiten, Gewalt und schlechten Schulnoten. Das Komasaufen birgt akute Gefahren, so kann man am eigenen Erbrochenen ersticken, da die Schutzreflexe ausfallen und Speisereste nicht abgehustet werden, die sich vor die Luftröhre legen. Ein anderes Problem ist die Unterzuckerung. Im Krankenhaus bekommen die Jugendlichen eine Glukoselösung und wachen am nächsten Morgen ohne Kater auf. Weitere akute Gefahren sind, dass der Jugendliche die Orientierung verliert und im Winter erfriert, Unfälle oder Gewalt.

In Deutschland wird nach wie vor sehr präsent für Alkohol und Zigaretten geworben, trotz eines EU-weiten Werbeverbotes für legale Drogen. Werbung verändert unsere Normen und Einstellungen gegenüber Alkohol positiv und hat Einfluss auf den individuellen Konsum. Je mehr Alkoholwerbung Kinder und Jugendliche sehen, desto mehr und früher trinken sie. Das Branding der Alkohol- und Zigarettenindustrie funktioniert so gut, dass schon ein Bild ohne Produkt ausreicht, sei es ein schöner See mit einer kleinen Insel oder ein

Segelschiff. Bei der Weltmeisterschaft 2006 hat Krombacher pro Kronkorken einen Cent für das Kinderhilfswerk oder die Regenwaldstiftung gespendet. Es kam eine stattliche Summe von 3,3 Millionen Euro zustande, die aber auch den bis dahin höchsten Bierumsatz in der Unternehmensgeschichte dokumentiert. Von Industrieseite wird immer wieder betont, dass sich die Werbung nicht an Kinder und Jugendliche richte und die Models ein Mindestalter haben müssen. Teddybären mit dem Logo einer Brauerei lassen hier aber Zweifel aufkommen. Bilder mit Gitarre und Lagerfeuer am Strand sprechen eher Jugendliche an, während für den whiskytrinkenden Herrn eine leichtbekleidete Frau werbetechnisch günstig ist. Die Verknüpfung eines positiven Bildes mit dem entsprechenden Produkt verankert sich in der Erinnerung. Bei Tabak gilt es, die Menschen früh an ein Produkt zu binden. Die Produktbindung ist aufgrund der Sucht hoch. Dass Horst Seehofer nach seiner Zeit als Bundesgesundheitsminister 2007 Botschafter des Bieres war, lässt schmunzeln. Im Koalitionsvertrag 2009 heißt es, dass man die Zunahme des exzessiven Alkoholkonsums mit besonderer Besorgnis sehe, während sich die beteiligten Politiker vor allem im Wahlkampf gerne mit einem Maß Bier abbilden lassen. Ein Bayerischer Minister sagte 2008, dass Autofahren nach zwei Maß Bier, über den Abend verteilt, noch möglich sein sollte. Während in Italien und Dänemark bei einer Kontrolle mit entsprechender Promillegrenze die Konfiszierung und ggf. Zwangsversteigerung des Autos droht, haben wir in Deutschland, abgesehen von den Fahranfängern, eine 0,5 Promillegrenze. Bei einem Unfall bis 0,5 Promille wird der Fahrer von der Versicherung aber trotzdem häufig an den Kosten beteiligt.

All dies soll verdeutlichen, wie verankert der Alkoholkonsum in unsere Gesellschaft ist und dass Jugendliche letztlich das machen, was wir ihnen vorleben. Kopfschüttelnd und anklagend auf die Jugendlichen zu zeigen ist nicht hilfreich. Wirkungsvolle Maßnahmen wären die Umsetzung des EU-weiten Werbeverbotes, eine Steuererhöhung auf Alkohol und Zigaretten, den Verkauf von Alkohol auf Getränkemärkte zu reduzieren, die um 20 Uhr schließen, ein Alkoholverbot im öffentlichen Nahverkehr und an bestimmten Tagen in begrenzten öffentlichen Bereichen ein Alkoholkonsumverbot auszusprechen. Auch kann man überlegen, die Altersabgabe für Alkohol auf 18 Jahre anzuheben und für öffentliche schulische Veranstaltungen ein generelles Alkoholverbot auszusprechen. Die Erwachsenen können Vorbild sein in einem maßvollen Umgang mit Alkohol. Trinkerfahrungen sammeln Jugendliche früher oder später in ihrer Peergroup. Dass Feiern und Fröhlichsein auch ohne Alkohol möglich ist, können wir Erwachsene den Kindern und Jugendlichen aber vermitteln und vorleben.

Ein weiteres wichtiges Thema in Bezug auf Alkohol ist das Fetale Alkoholsyndrom (FAS), das durch Alkoholkonsum in der Schwangerschaft verursacht wird. Jedes Jahr kommen ca. 4.000 Kinder mit einem ausgeprägten FAS auf die Welt und weitere ca. 10.000 Geburten mit Alkoholeffekten ohne sichtbare Zeichen, aber Verhaltensauffälligkeiten wie Irritierbarkeit, viel Schreien, Aufmerksamkeitsproblemen u. a. kommen hinzu. Das FAS ist die häufigste Ursache für eine geistige Behinderung. Ein Großteil der Kinder benötigt lebenslange Betreuung. Der mäßige Genuss von Alkohol während der Schwangerschaft ist in allen Gesellschaftsschichten verbreitet. Erst allmählich entwickelt sich hier ein Bewusstsein, dass es nach heutigem Wissen keine Toleranzgrenze gibt und jeder Tropfen schadet. Der ungeborene Organismus kann den Alkohol nicht so schnell abbauen, so dass er längere Zeit höheren Konzentrationen ausgesetzt ist. Manche junge Frau weiß eventuell noch gar nicht, dass sie schwanger ist, wenn sie größere Mengen Alkohol trinkt, aber gerade in der frühen Schwangerschaft können die Folgen besonders schwer sein. Das FAS ist zu 100 % vermeidbar.

Aus kinder- und jugendpsychiatrischer Sicht ist Alkohol die Droge, die am meisten Leid im Leben junger Menschen verursacht. Betrunkene und trinkende Eltern können den Kindern keinen verlässlichen Halt und Schutz gebenden Rahmen bieten. Von Schuldgefühlen geplagte Zuwendung und in der Trunkenheit schroffe Zurückweisung wechseln sich häufig ab und verunsichern das Kind. Elterlicher Alkoholismus ist einer der bedeutendsten Risikofaktoren für die Entwicklung einer Alkoholproblematik.

1.3 Nikotin

Seit Einführung des Nichtraucherschutzgesetzes 2007 ist die Zahl der Raucher deutlich rückläufig. Bei den über 18-Jährigen rauchen ca. 24 %. Die Zahl der jugendlichen Raucher war 2021 mit unter 6,8 % auf einem historischen Tiefstand, während die Zahl der bekennenden Nichtraucher unter den Jugendlichen bei ca. 83 % lag. 2022 ist die Zahl der jugendlichen Raucher wieder angestiegen und lag bei 15,9 %. Der Trend geht bei den Jugendlichen inzwischen zur E-Zigarette. Auch wenn die Menge der Schadstoffe bei der E-Zigarette geringer zu sein scheint, macht Nikotin süchtig. Jeder neunte Jugendliche hat E-Inhalationsprodukte ausprobiert, aber noch nie geraucht. Eine Wasserpfeifensitzung entspricht dem Rauch vieler Zigaretten. Der gekühlte und oft aromatisierte Rauch ist auch für Nichtraucher leichter zu inhalieren.

Untersuchungen weisen darauf hin, dass mancher Jugendliche über E-Inhalationsprodukte den Weg zur Zigarette nimmt. Große Zigarettenkonzerne wie Philip Morris setzen sich für eine rauchfreie Welt ein und verknüpfen diesen Slogan mit Werbung für Ihre E-Zigaretten. Über Jahrzehnte ist es der Tabakindustrie gelungen, die Schädlichkeit ihrer Produkte zu verharmlosen und das Rauchen als Lifestyle zu vermarkten. Seit 2016 sind die Abgabe von E-Zigaretten und E-Shishas an Jugendliche und der Konsum in der Öffentlichkeit durch das Jugendschutzgesetz verboten. Jedes Jahr sterben in Deutschland an den Folgen des Nikotinkonsums um die 110.000 Menschen, an Folgeerkrankung wie Krebs u. a. Auch diese werden nicht zu den Drogentoten gezählt. Erst seit der Einführung des Nichtraucherschutzgesetzes gibt es in Deutschland die Rauchfreie Schule. Zuvor ist die Umsetzung nicht an den Schülern, sondern an den Erwachsenen gescheitert, die ihr Raucherzimmer und ihre Raucherecke nicht missen wollten. Es heißt oft, Verbote helfen nichts. Das Nichtraucherschutzgesetz zeigt das Gegenteil. Die Rauchfreie Schule ermöglicht eine viel klarere Auseinandersetzung mit den Schülern über das Rauchen. Überschreiten von Grenzen gehören zum Jugendalter, aber die Auseinandersetzung darüber mit einem Erwachsenen, der mit einer klaren Haltung Orientierung bietet, ist entwicklungsfördernd. Keinem Erwachsenen soll das Rauchen oder Trinken untersagt werden. Es geht um den Schutz von Minderjährigen. Die meisten Raucher haben in ihrer Jugend mit dem Rauchen begonnen. Nach Mitte zwanzig fangen nur die Wenigsten noch an zu rauchen. Mit dem Nichtraucherschutzgesetz wurde auch das Jugendschutzgesetz verändert und die Altersabgabe von Zigaretten auf 18 Jahre erhöht. Auch der Schutz von Kleinkindern und Ungeborenen, deren Eltern rauchen, muss stärker in den Fokus, da das Passivrauchen ein Risiko für Atemwegserkrankungen, Krebs, den plötzlichen Kindstod u. a. ist. Neugeborene, deren Mütter in der Schwangerschaft geraucht haben, haben ein geringeres Geburtsgewicht, ein erhöhtes Risiko für den plötzlichen Kindstod und später häufiger Aufmerksamkeitsprobleme und Lernschwierigkeiten. Dies ist zu 100 % vermeidbar. Andere Länder sind mit dem Nichtraucherschutz weiter, das Rauchen im Auto in Begleitung von Kindern ist untersagt mit hohen Bußgeldern versehen, oder dass auch im Freien in der Gastronomie oder bei öffentlichen Veranstaltungen nicht geraucht werden darf. Weitere wirksame Maßnahmen sind auch hier die Umsetzung des EU-weiten Werbeverbotes, die Reduktion der Verfügbarkeit und weitere Steuererhöhungen. Das EU-weit geltende Werbeverbot für Zigaretten ist in Deutschland erst 2022 umgesetzt worden. Zigaretten sind in Deutschland im Vergleich zu vielen anderen Ländern relativ günstig. Vor nicht allzu langer Zeit gab es deutlich mehr Zigarettenautomaten als Postkästen und nur die Körpergröße war ein Hindernis an Zigaretten zu kommen. Bei einem Flug über den Atlantik begann eine Reihe vor mir der Raucherbereich ohne jegliche räumliche Trennung. Dies macht deutlich, wie viel durch eine Veränderung des Rahmens bewirkt werden kann.

An den Folgen der beiden legalen Drogen Nikotin und Alkohol sterben in Deutschland jährlich um die 180.000 Menschen. Diese werden nicht zu den Drogentoten gezählt. Steigt die Zahl der Drogentoten um 50 an wird dies als dramatische Meldung in der Presse diskutiert. Jeder Erwachsene sollte selbst entscheiden dürfen, ob und wieviel er trinkt oder raucht. Das Verhalten des Einzelnen sollte aber nicht zu Lasten der Gemeinschaft gehen. Vor allem der Schutz von Kindern und Jugendlichen muss hohe Priorität haben.

1.4 Cannabis

Cannabis ist die am häufigsten konsumierte (ehem.) illegale Droge. In der Drogenaffinitätsstudie der Bundeszentrale für gesundheitliche Aufklärung (BZgA) gaben 2021 8,5 % der männlichen und 6,7 % der weiblichen 12- bis 17-Jährigen an, in den letzten 12 Monaten Cannabis konsumiert zu haben. Nachdem die Zahlen seit 2004 rückläufig waren, steigen sie aktuell wieder an, v. a. bei den 18- bis 25-Jährigen. Die 30-Tage-Prävalenz lag in dieser Altersgruppe bei 12 %, die Lebenszeitprävalenz bei 50,8 %. Dies hängt auch mit der öffentlichen Diskussion um die Legalisierung zusammen. Wöchentlich verharmlosende Nachrichten über Cannabis zu lesen beeinflusst gerade Jugendliche. Was legalisiert werden soll kann nicht so schlimm sein. Seit 2017 kann Cannabis unter bestimmten Voraussetzungen als Medizinal-Cannabis an Patienten mit z. B. chronischen Schmerzen, Multipler Sklerose, chemotherapeutisch verursachter Übelkeit u. a. ärztlich verordnet werden. Für die Zulassung neuer Arzneimittel gibt es klare Vorgaben und aufwendige Zulassungsverfahren, die durch das Bundesinstitut für Arzneimittel und Medizinprodukte (BfArM) geregelt und überwacht werden. Bei der Zulassung von Cannabis als Medikament wurde dies im Bundestag beschlossen. Die Datenlage zur Wirksamkeit für viele Symptome ist dünn und hätte ein reguläres Zulassungsverfahren nicht bestanden. Trotzdem gibt es Wirksamkeitsnachweise für einzelne Krankheitssymptome. Schon der Prozess der Zulassung ist ein öffentlich diskutiertes Politikum, das mehr oder weniger sachlich und wissensuntermauert geführt wird. Auch jugendliche Patienten mit ADHS, PTBS, sozialer Phobie oder der Negativsymptomatik einer Schizophrenie berichten, dass der Konsum von Cannabis subjektiv hilfreich für die Linderung der Symptomatik sei. Eine Zulassung würde es hierfür aber absehbar nicht geben

Vor der Teillegalisierung von Cannabis regelte das Betäubungsmittelgesetz (BtMG), dass je nach Bundesland 6 g Cannabis (vereinzelt bis 10 g) zum Eigenverbrauch mitgeführt werden durften und von Strafverfolgung abgesehen werden konnte, wenn kein öffentliches Interesse bestand. Letzteres war z. B. gegeben, wenn an Kinder und Jugendliche verkauft wurde, die Person vor einer Schule mit Cannabis kontrolliert wurde oder Fremdgefährdung unter Cannabiseinfluss vermutet wurde. Ein Chemiker des Niedersächsischen Landeskriminalamtes sagte, dass eine Menge von 6 g Cannabis für bis zu 40 Joints reiche. Der Eigengebrauch für einen nicht süchtigen Konsumenten war damit für einige Zeit sichergestellt. Der Wirkstoffgehalt des Tetrahydrocannabinols (THC) hat sich in den letzten Jahren durch immer bessere Anbaubedingungen vervielfacht.

Die Cannabis-Teillegalisierung in Deutschland wurde im März 2024 beschlossen, trat im April 2024 in Kraft und sieht folgendes vor: Der Kauf und Besitz von maximal 25 g ab einem Alter von 25 Jahren ist straffrei. Der Eigenanbau von bis zu drei Pflanzen, geschützt vor dem Zugriff von Kindern und Jugendlichen, ist erlaubt. Nicht »gewinnorientierte« Vereine mit maximal 500 Mitgliedern dürfen pro Clubmitglied maximal 25 g pro Tag und maximal 50 g pro Monat abgeben. Unter 21-Jährige bekommen maximal 30 g pro Monat. Der Jugendschutz und Frühinterventionsprogramme sollen gestärkt werden. So soll bei Jugendlichen statt einer Strafverfolgung eine Meldung ans Jugendamt erfolgen und ein Frühinterventionsprogramm besucht werden. Um Schulen und andere Orte, an denen sich Kinder und Jugendliche aufhalten, soll eine Schutzzone von 200 m gelten. Schutzvorkehrungen wie Lagerboxen sollen den Zugriff von Kindern z. B. im Haushalt verhindern. Die Prävention soll über die Krankenkassen finanziert werden und die BZGA soll Broschüren zu Risiken und Wirkung von Cannabis erstellen. Das Bundesgesundheitsministerium und der Bundesdrogenbeauftragte gehen davon aus, dass der Jugendschutz im Rahmen der Legalisierung gestärkt wird.

Wie sieht es in Staaten aus, in den Cannabis bereits legalisiert wurde? Das International Narcotics Control Board (INCB) kommt in seinem Report 2022 zu dem Schluss, dass die Legalisierung der nichtmedizinischen Verwendung von Cannabis zu einem höheren Konsum führt, mehr gesundheitliche Bedenken hervorbringt und die kriminelle Aktivität nicht verringert. Die staatlichen Ziele der der Legalisierung würden nicht erreicht. Es komme zu einem Anstieg des Konsums bei Jugendlichen und v. a. bei jungen Erwachsenen. Der World Drug Report 2023 gibt eine Jahresprävalenz für Cannabis von 5,34 % bei den 15-/16-Jährigen und 4,3 % bei den Erwachsenen an. 2021 meldeten 46 % der

Länder Cannabis als die Droge mit den meisten drogenassoziierten Problemen, 34 % meldeten Cannabis als die Hauptdroge in den therapeutischen Einrichtungen. In den USA ist Cannabis in vielen Bundesstaaten als medizinischer Cannabis in Apotheken erhältlich und in einigen Bundesstaaten legalisiert, so in Colorado. Die 30-Tage-Prävalenz (Anzahl der Befragten, die in den letzten 30 Tagen Cannabis konsumiert haben) steigt bei Jugendlichen wie Erwachsenen in den Bundesstaaten deutlich an, wenn Cannabis medizinisch freigegeben ist, und noch deutlicher, wenn es legalisiert ist. Eine Zunahme von cannabisbezogenen Verkehrstoten und Aufnahmen von Cannabisvergiftungen in der Notaufnahme auch von 1- bis 5-Jährigen, da Cannabis für Kinder greifbar im Haushalt herumliegt, ist zu beobachten. Weiter verzeichnet man eine Zunahme von Schulverweisen, einen Anstieg von Eigentums- und Gewaltdelikten und bei Suizidanten findet sich gehäuft Cannabis in den toxikologischen Untersuchungen. Ein kausaler Zusammenhang ist nicht immer gegeben. Für Cannabisprodukte darf in Colorado öffentlich geworben werden und die Zahl der Geschäfte, in denen die Produkte verkauft werden, macht McDonald's und Starbucks Konkurrenz. Auch wenn Cannabis erst ab 21 Jahren frei käuflich ist, machen die Zahlen deutlich, dass der Konsum bei den Jugendlichen deutlich ansteigt und der Jugendschutz nicht zu greifen scheint.

Cannabis wirkt auf vielfältige Weise. Es kann zu Wahrnehmungs- und Bewusstseinsstörungen kommen, gesteigertem Appetit, Muskelentspannung, Schmerzlinderung, Anstieg der Pulsfrequenz, Gedächtnisstörung, Koordinationsschwierigkeiten u. a. Einige der Wirkungen, wie die Schmerzlinderung, werden therapeutisch genutzt. Der Freizeitkonsum ist aber auch mit erheblichen Risiken verbunden, die bei Jugendlichen stärker ausgeprägt sein können. Bei regelmäßigem Konsum finden sich gehäuft folgende Erkrankungen oder Symptome: Lungen- und Krebserkrankungen, es kann sich eine Abhängigkeit entwickeln, bei sehr frühem Konsum ist eine spätere Abhängigkeit wahrscheinlicher, Rückzug aus dem alltäglichen Leben, auch als amotivationales Syndrom beschrieben, ein erhöhtes Risiko für Depressionen, Angstzustände und die Entwicklung einer Psychose, wahrscheinlich ist eine dauerhafte Verringerung der Intelligenz bei Langzeitkonsum, Gedächtnisstörungen, häufiger Schulabbrüche und ungünstige Bildungsabschlüsse, Veränderungen der Hirnstruktur und bei Langzeitkonsumenten eine höhere Todesrate im Vergleich zu abstinenten Personen. Synthetische Cannabinoide haben eine potenzierte Wirksamkeit und zum Teil unvorhersehbare Effekte, die auch tödliche Folgen haben können. Diese kamen als Kräutermischungen unter dem Namen Spice oder Red Lava auf den Markt und konnten problemlos über das Internet bestellt werden. Inzwischen ist das BtMG dahingehend geändert worden, dass ganze Substanzgruppen erfasst werden und nicht jede chemische Veränderung neu erfasst werden muss. Anfangs waren die synthetischen Cannabinoide in den herkömmlichen Drogentests nicht nachweisbar, was den Konsum attraktiver machte. Die Fachgesellschaften für Kinder- und Jugendmedizin und Kinder- und Jugendpsychiatrie warnen einhellig 2023 in einer gemeinsamen Stellungnahme vor den negativen Konsequenzen für die Entwicklung von Kindern und Jugendlichen und den gesellschaftlichen Auswirkungen.

Knapp 7 Millionen Daten aus dem dänischen Gesundheitsregister deuten darauf hin, dass ca. 30 % der Schizophrenien bei jungen Männern auf den Konsum von Cannabis zurück gehen (Spektrum 2023). Auch in Deutschland gibt es eine steigende Zahl von Behandlungen auf Grund von Cannabis induzierten psychischen Störungen.

Die Erhofften Steuereinnahmen können nur erhoben werden, wenn der Schwarzmarkt weitestgehend ausgetrocknet wird. Polizei und Richter befürchten einen Mehraufwand bei der Kontrolle und Einhaltung der neuen Regelungen.

In einer im Lancet 2023 erschienenen Geburtskohortenstudie mit über 5.000 Teilnehmer (Hines et al. 2023) wurde untersucht welche Faktoren eine spätere Cannabisabhängigkeit begünstigen. Es sind v. a. Kinder aus Sucht und sonstigen belasteten Familien und der frühe Einstieg in den Konsum. Diese Kinder haben ein bis zu zehnfach erhöhtes Risiko für einen dauerhaften Konsum. Gerade konsumierende Erwachsenen (Eltern) profitieren vordergründig von einer Legalisierung. Eine Alternative könnte sein Cannabisabhängige zu substituieren, diese damit in ein Helfersystem einzubinden und den Familien und Kindern psychosoziale Hilfe zukommen zu lassen. So würde man gezielt die von einer Cannabisproblematik betroffene Gruppe erreichen.

Cannabis greift in die Hirnentwicklung ein. Eine Studie von Albaugh et al. (2021) hat 800 Teilnehmer im Alter von 14 aufgenommen, die kein Kontakt zu Cannabis hatten. 5 Jahre später fand sich bei den Cannabiskonsumenten im MRT eine dünnere Hirnrinde, vor allem im Präfrontalcortex. Die Konsumenten waren impulsiver und konnte sich schlechter konzentrieren, dieser Befund war ausgeprägter abhängig von der konsumierten Menge. Die Hirnentwicklung ist erst mit Mitte 20 abgeschlossen. Je jünger der Konsument desto gravierender die Auswirkungen. Während sich das Gehirn entwickelt, ist das körpereigene Endocannabinoid-System besonders aktiv und enthält deutlich mehr Endocannabinoid-Rezeptoren, als ein erwachsenes Gehirn. Erhält das Gehirn nun zusätzlich Cannabinoide von außen, stört das den Versuch des Gehirns, sich aus eigener Kraft zu kalibrieren. Das Gehirn wird praktisch mit Cannabinoiden geflutet. Das stört nicht nur die Kommunikation der Gehirnareale untereinander, sondern schwächt die Schutzummantelungen der

Nervenfasern. Entwicklungsstörungen können die Folge sein. Deren Ausprägung hängt allerdings stark von der eigenen genetischen Veranlagung ab, sowie von der Häufigkeit der Einnahme und der Qualität des Cannabis. Synthetische Cannabinoide, die nicht Bestandteil einer Medikation sind, sind hierbei besonders gefährlich. Ein starker Cannabiskonsum in der Jugend kann sehr wohl gefährlich sein. Dennoch zeigen einige Studien, dass die Veränderungen im Gehirn von Heranwachsenden teilweise reversibel sind. Nach einem Cannabisentzug für mehrere Stunden bis hin zu mehreren Wochen konnte sich die Gedächtnisleistung erholen. Für durch Cannabis ausgelöste Psychosen gilt dies jedoch nicht. Cannabis enthält sogenannte Cannabinoide. Das wohl bekannteste Cannabinoid ist das psychoaktive THC. THC kann an die CB1-Rezeptoren im Gehirn binden und dort zu einer übermäßigen Ausschüttung von Dopamin führen sowie die Kommunikation zwischen den Synapsen beeinträchtigen. Auch der Gesundheitsminister weist darauf hin, dass das Gehirn bis Mitte 20 in einem starken Umbau und Reifungsprozess ist und Cannabiskonsum in dieser Lebensphase besonders kritisch zu sehen ist.

Wir hatten in Deutschland mit Alkohol und Nikotin zwei legale Drogen, die zu vielen Todesfällen und viel Leid im Leben von Kindern führen. Cannabis wurde als weitere Droge teillegalisiert. Ob diese Entscheidung auf Grundlage einer sachlichen, wissenschaftlich fundierten Diskussion entschieden wurde, wird die Zukunft zeigen. Eine Entkriminalisierung der Konsumenten zu erreichen, ist ein nachvollziehbares und unterstützenswertes Ziel. Ob für eine problematische Gruppe eine Substitution eine Alternative wäre, ist zu überlegen. Eine Legalisierung ist aus Kinder- und Jugendpsychiatrischer Sicht nicht der richtige Weg, vor allem wenn die öffentliche Diskussion verharmlosend geführt wird. Auch hier sollte der Schutz von Kindern und Jugendlichen hohe Priorität haben. Aus kinder- und jugendpsychiatrischer Sicht sollte eine legale Abgabe erst ab 21 bzw. 25 Jahren erfolgen. Der THC-Gehalt sollte begrenzt werden. Eine deutliche Mengenbegrenzung ist zu fordern. Bei 50 g im Monat könnte man bis zu 330 Joints pro Monat drehen, dass entspräche 11 Joints oder 1 bis 2 g Cannabis pro Tag. Dies geht weit über einen Genusskonsum hinaus. Das Angebot und die Verfügbarkeit sollten reduziert werden, der Anbau und Verkauf sollten nur durch staatliche Stellen erfolgen und der illegale Handel konsequent unterbunden werden. Die Steuereinnahmen sollten konsequent in die Prävention investiert und Werbung für Cannabisprodukte unterbunden werden.

1.5 Synthetische Drogen

Weitere häufiger konsumierte Drogen gehören zur Stoffgruppe der Amphetamine und Ecstasy. Ecstasy (MDMA) wird meist in Form kleiner bunter Pillen verkauft und hat eine stimulierende und halluzinogene Wirkung. Es wird oft auf Technopartys konsumiert, wirkt leistungssteigernde, man kann die Nacht durchtanzen, dabei wird oft zu wenig getrunken bei gleichzeitigem Flüssigkeitsverlust durch Schwitzen, was zu Dehydratation, Krampfanfällen, Elektrolytentgleisungen u. a. führen kann. Lebensbedrohlich ist das Auftreten eines sogenannten Serotonergen Syndroms. Auf Dauer kommt es zu einer Abnahme serotonerger Strukturen im Gehirn. Amphetamine werden pulverisiert, als Tabletten oder in kristalliner Form angeboten und in die Nase gesnifft, geraucht oder gespritzt. Sie wirken überwiegend über das dopaminerge System antriebs- und leistungssteigernd. Methamphetamin (Crystal Meth) findet sich v. a. in Sachsen und Bayern. Es ist eine schnell abhängig machende Substanz, die mit einem starken körperlichen und psychischen Verfall einhergehen kann.

Zur Stoffgruppe der Amphetamine zählt auch der Wirkstoff Methylphenidat (ein Handelspräparat ist Ritalin). Dieser wird bei entsprechender Indikation bei der sogenannten Aufmerksamkeits-Defizit-Hyperaktivitäts-Störung (ADHS) mit Erfolg eingesetzt. Die medikamentöse Therapie ist nicht ursächlich und lindert die Symptome nur so lange, wie das Medikament wirkt. Entsprechend können betroffene Kinder manchmal aber erst mit Hilfe dieser Medikamente dem Unterrichtsgeschehen oder einer Therapie folgen. Bei entsprechender Diagnose und ärztlich verordneter Einnahme kommt es nicht zu einer Suchtentwicklung. Im Gegenteil, das bei diesen Kindern erhöhte Risiko, eine Suchtstörung zu entwickeln, wird durch eine adäquate Therapie, die neben der Medikation auch andere Bausteine umfasst, deutlich reduziert. Auf der Drogenszene und auch unter Studenten findet sich allerdings ein Missbrauch mit Methylphenidat. Von Studenten wird es z. B. zur Verbesserung der Konzentration und Leistungssteigerung in Prüfungsphasen eingenommen. Beim Verschreiben sollte man darauf achten, dass eine verlässliche Bezugsperson die Medikamente unter Aufsicht hat.

1.6 Weitere Substanzen

Alle Substanzen ausführlich darzustellen, sprengt den Rahmen dieses Buches. Deshalb sei hier auf ausführliche Literatur verwiesen (Scherbaum 2019, Dreher 2021). Die häufiger konsumierten Drogen seien der Vollständigkeit halber aber genannt: Kokain, auch eine aufputschende Droge, die aus den Blättern des Kokastrauches gewonnen wird, kann auch gesnifft, geraucht oder gespritzt werden. Die Droge ist teuer und setzt entsprechende Geldbeschaffungsmöglichkeiten voraus. Liquid Ecstasy (GBH) wird auch in Form von sogenannten »K.O.-Tropfen« angeboten und auf Partys Getränken beigemischt. Es wirkt sedierend und trübt die Erinnerung und kann Menschen gefügiger machen für z.B. sexuelle Handlungen. Synthetische Kathinone werden auch als »Badesalze« angeboten. Inhalanzien (Lösungsmittel und Schnüffelstoffe) werden z.B. geschnüffelt (Deo, Klebstoff). Benzodiazepine sind in der Psychopharmakologie eine potente und oft gebrauchte Stoffgruppe, z.B. bei Angstzuständen oder ausgeprägten Schlafstörungen. Sie können abhängig machen und sollten bei Kindern und Jugendlichen vor allem ambulant zurückhaltend eingesetzt werden. Opiate (Heroin oder opiathaltige Medikamente) werden geraucht oder gespritzt. In der Jugendszene spielen Sie aktuell eine geringe Rolle. Vereinzelt konsumieren Jugendliche Fentanyl, ein synthetisches Opioid, das als Schmerzmedikation eingesetzt wird. In den USA gibt es eine regelrechte Fentanyl-Krise mit vielen Todesfällen. Dies war zu Zeiten von Christiane F. anders. In bestimmten ethnischen Zuwanderungsgruppen findet sich ein vermehrter Konsum auch im Jugendalter. Saisonal werden sogenannte biogene Drogen vermehrt konsumiert, wie rauscherzeugende Pilze, Engelstrompeten, Stechapfel u.a.

In einem speziellen stationären Kinder- und Jugendpsychiatrischen Setting für drogen- und medienabhängige Jugendliche
wie der Therapiestation »Teen Spirit Island« in Hannover finden sich bei der 30-Tage-Prävalenz ähnliche Verteilungen wie in den Bevölkerungsstichproben, nur in einem sehr viel höheren Maße. Die häufigsten konsumierten Drogen sind auch hier Alkohol und Cannabis (ca. 80%) und Nikotin (96%). Die übrigen Drogen Ecstasy, Amphetamine, Methamphetamine, Kokain, Benzodiazepine und Heroin werden von 10 bis 20% konsumiert (ein gleichzeitiger Konsum mehrerer Drogen, ein sogenannter polytoxikomaner Konsum, ist nicht selten). Schaut man sich die Häufigkeit des regelmäßigen Konsums in den letzten 6 Monaten vor Eintritt in die Therapiestation an, sehen die Zahlen wieder anders aus: Nikotin 96%, Cannabis 75%, Alkohol 34%, die weiteren Drogen liegen zwischen 4 und 17% (Wartberg et al. 2009).

Wenn wir aus Kinder- und Jugendpsychiatrischer Sicht von Einstiegsdrogen sprechen, sollten wir unser Augenmerk vor allem auf die drei legalen Drogen Alkohol, Nikotin und Cannabis lenken. Die anderen Drogen spielen in der Altersgruppe aller Jugendlichen eine untergeordnete Rolle, finden sich aber in einem speziellen stationären Setting gehäuft.

1.7   Internet- und Computersucht

Unter Jugendlichen kann für die Internet- und Computersucht von einer Prävalenz von 2 bis 5 % ausgegangen werden, mit steigender Tendenz, auch als Folge der politischen Maßnahmen der letzten Jahre. Neben einer komorbiden Belastung, vergleichbar zu stoffgebundenen Abhängigkeitserkrankungen, zeigen die Erkrankten auch eine hohe psychische Belastung mit entsprechendem Leidensdruck. Vor allem für männliche Jugendliche nehmen Video- und Computerspiele eine wichtige Rolle in ihrem täglichen Leben ein.

Im Jahr 2013 wurde in »Diagnostic and Statistical Manual of Mental Disorders DSM-5« unter den Forschungsdiagnosen die *Internet Gaming Disorder* (APA 2013) bzw. *Störung durch Spielen von Internetspielen* (APA 2018) aufgenommen. Diese umfasst neun Bereiche, die an die Verhaltenssüchte angelehnt sind: Gedankliche Vereinnahmung, Entzugserscheinungen, Toleranzentwicklung, Kontrollverlust, Fortsetzung trotz negativer Konsequenzen, Fortsetzung trotz psychosozialer Probleme, Lügen und Verheimlichen, dysfunktionale Gefühlsregulation, Gefährdung und Verluste. Mindestens fünf der neun Kriterien müssen in den letzten zwölf Monaten erfüllt sein, um die Diagnose zu stellen.[3]

Auch in der ICD-11 wurde die Diagnose aufgenommen. Hier die englische Beschreibung der Weltgesundheitsorganisation (WHO):

> »Gaming disorder is characterized by a pattern of persistent or recurrent gaming behaviour (›digital gaming‹ or ›video-gaming‹), which may be online (i.e., over the internet) or offline, manifested by:
> impaired control over gaming (e.g., onset, frequency, intensity, duration, termination, context);
> increasing priority given to gaming to the extent that gaming takes precedence over

---

[3] Bei den aufgelisteten Inhalten handelt es sich lediglich um einen Auszug und nicht um originale Inhalte der APA aus dem DSM-5.

other life interests and daily activities;
and
continuation or escalation of gaming despite the occurrence of negative consequences. The pattern of gaming behaviour may be continuous or episodic and recurrent. The gaming behaviour and other features are normally evident over a period of at least 12 months in order for a diagnosis to be assigned, although the required duration may be shortened if all diagnostic requirements are met and symptoms are severe.«

Der exzessive Gebrauch von Internet- und Computerspielen wie »World of Warcraft«, »Grand Theft Auto« (GTA), »Fortnite«, »Counter-Strike« u.a. kann zu suchtähnlichem Verhalten führen. Wie bei stoffgebundener Sucht auch, liegen dem Verhalten meist problematische biografische Entwicklungen und psychische Grunderkrankungen zugrunde. Häufig finden sich depressive Störungen, Ängste und sozialphobische Tendenzen.

Im Internet kann man im Chat und über Kontaktforen viele Kontakte pflegen, auch wenn man im realen Leben darunter leidet, keine Freunde zu haben. Das World Wide Web ist ein grenzenloser Raum, der Bedürfnisbefriedigung in Echtzeit ermöglicht. Losgelöst von der Begrenztheit von Zeit und Raum kann man mit einem Stellvertreter-Ich, einem sogenannten Avatar, mit anderen Avataren in Kontakt treten. Bei einem Onlinespiel ist es möglich, Erfolge zu erleben und wichtiger Teil einer Gemeinschaft zu sein, auch wenn dies im realen Leben versagt ist. All dies ist mehr als Fantasie und Tagtraum. Es ist eine virtuelle oder digitale Realität, die für einige Menschen wichtiger und bedeutsamer werden kann als das Leben im Hier und Jetzt. Das reale Leben ist mit Grenzen und Frustrationen verbunden. Diesem kann man zeitweise entfliehen, indem man sich eine virtuelle Welt aufbaut.

In vielen Computerspielen findet sich das Moment der intermittierenden Verstärkung, was aus der Glücksspielsucht als süchtig machend bekannt ist. Viele Spiele sind so angelegt, dass der Spieler möglichst viel Zeit dort verbringt. Durch Bezahlfunktion kann man potentere Waffen erwerben oder die Wahrscheinlichkeit verringern, eine solche zu verlieren. Die Computerspielbranche gehört zu den erfolgreichsten weltweit. Zum Thema, warum Computerspiele süchtig machen können, hat Frau Pfeiffer einen sehr lesenswerten Beitrag verfasst, auf den hier verwiesen wird (Pfeiffer 2015).

1.8 Was ist Sucht?

Als wesentliches Charakteristikum gilt das zwanghafte Bedürfnis, die betreffende Substanz zu konsumieren und sich diese zu beschaffen oder sich exzessiv einer Tätigkeit wie dem Computerspiel hinzugeben und andere Aufgaben darüber zu vernachlässigen. Der Drogenkonsum oder das Computerspiel dienen der Lusterzeugung beziehungsweise Unlustvermeidung.

Man unterscheidet zwischen physischer und psychischer Abhängigkeit. Physische Abhängigkeit geht einher mit Dosissteigerung, Toleranzentwicklung und Entzugssyndrom bei Weglassen der Droge. Psychische Abhängigkeit ist verbunden mit einem starken Verlangen nach der Substanz, dem Computerspiel, beziehungsweise nach dem von der Substanz hervorgerufenen Zustand. Die unerwünschten Begleitfolgen des Konsums werden in Kauf genommen.

1.9 Wie kommt es zur Abhängigkeit?

Der Weg in die Abhängigkeit ist schleichend. Eine Ursachenforschung, die nur in eine Richtung blickt, wird einem so komplexen Phänomen nicht gerecht. Drei Bereiche sollen hier gestreift werden.

1. Individuum, Persönlichkeit
Eine stabile emotionale Beziehung zwischen dem Kind und seinen Eltern, insbesondere in den ersten Lebensjahren, und reales Geliebt- und Akzeptiertwerden sind wichtige Grundlagen für die kindliche Entwicklung. Bei drogenabhängigen Jugendlichen finden sich häufig frühe Bindungs- und Beziehungsstörungen. Frühe Beziehungsbrüche und -verluste, Traumatisierungen durch physische, psychische und sexuelle Gewalterfahrung sowie mangelnde Akzeptanz und Geborgenheit können Ursachen für einen Drogenkonsum sein. Ein schlechtes Selbstwertgefühl, eine geringe Frustrationstoleranz, wenig Interessen und Ideale finden sich in dieser Gruppe gehäuft. Vorbestehende psychische Erkrankungen und Fehlentwicklungen, wie Depression, soziale Ängste, Störung des Sozialverhaltens, posttraumatische Belastungsstörungen, Schizophrenie, Persönlichkeitsentwicklungsstörung oder ein nicht ausreichend behandeltes hyperkinetisches Syndrom, treten gehäuft

mit Suchtstörungen auf. Vor allem mediensüchtige Jugendliche sind oft unsicher im sozialen Miteinander und haben Ängste im Umgang mit anderen Menschen.

2. Lebensumfeld
Alkoholismus oder Drogenabhängigkeit bei den Eltern, psychische Erkrankung eines Elternteils und soziale Benachteiligung sind Risikofaktoren für eine Suchtentwicklung. Ein sehr strenger, wenig liebevoller, abwertender Umgang mit dem Kind oder ein überbehütender, dem Kind keinen Entwicklungsfreiraum lassender Erziehungsstil finden sich gehäuft. Anhaltender elterlicher Streit, Disharmonie in der Familie, Trennung der Eltern mit daraus folgenden Loyalitätskonflikten und häufig wechselnde Bezugspersonen, zu denen keine wirkliche Bindung aufgebaut werden kann, sind weitere Risikofaktoren.

In der sogenannten Adverse Childhood Experience Study (Feliti 2003) wurden gut 17.000 Erwachsene der amerikanischen Mittelschicht untersucht, der Altersdurchschnitt lag bei über 50 Jahre. Untersucht wurden die Ursachen der zehn häufigsten Todesursachen, neben koronaren Herzerkrankungen, Schlaganfällen, Krebs, u.a. auch die Sucht. Verglichen wurden belastende Kindheitserlebnisse mit dem Gesundheitszustand im Erwachsenenalter. Hierzu wurden 8 ACE-Kategorien gebildet: ein langanhaltender, wiederholt stattfindender psychischer, physischer oder sexueller Missbrauch, das Aufwachsen mit keinem der beiden leiblichen Eltern, ein psychisch kranker Elternteil, ein krimineller Elternteil und ein drogen- oder alkoholabhängiger Elternteil. Der süchtige Konsum von Nikotin, Alkohol und der i.v. Konsum (das Spritzen von Drogen in die Vene) stiegen dabei proportional mit dem Ausmaß negativer Kindheitserlebnisse an.

Von großer Bedeutung ist die Peergroup. In der Gruppe der Gleichaltrigen werden erste Erfahrungen mit Alkohol, Drogen und auch neue Erfahrungen im Umgang mit modernen Medien gesammelt. Der Wunsch nach Zugehörigkeit und Gruppenzwänge spielen eine wichtige Rolle. Eine häufige Erklärung von Eltern und Jugendlichen »wegen falscher Freunde sei man abhängig geworden« berücksichtigt nur einen Teilaspekt. Jugendliche suchen sich ihre Freunde selbst und finden manchmal in Randgruppen Akzeptanz und Aufnahme oder können hier gegen die Eltern rebellieren.

3. Droge
Die Suchtpotenz der Droge, der Preis, die Verfügbarkeit, die Art des Konsums sind im Einzelfall zu berücksichtigen. Diese Faktoren sind von der Peergroup mitbestimmt. Siehe hierzu auch die ausführlichen Darstellungen zu Alkohol, Nikotin und Cannabis.

Blickt man auf den Lebenslauf junger Menschen, so haben vor dem 18. Lebensjahr fast alle Erfahrung mit Alkohol gesammelt, einige auch mit anderen Drogen, v. a. Nikotin und Cannabis, manche betreiben dies auch missbräuchlich. Praktisch alle nutzen ein Smartphone, einige verlieren sich in den Weiten des Internets und der Computerspiele. Die meisten Jugendlichen mit einem exzessiveren Drogen- oder Medienkonsum stellen diesen nach einer Phase des Probierens und Experimentierens wieder ein oder führen diesen in einen gesellschaftlich akzeptierten Konsum über. Es bleibt die Frage, warum ein Jugendlicher nicht wieder von den Drogen oder den Medien wegkommt, sondern den Konsum noch steigert und in der Abhängigkeit landet. Hier kommen meist frühe Entwicklungsprobleme und seelische Fehlentwicklung mit frühem exzessivem Drogen- oder Medienkonsum zusammen. Der Jugendliche findet hier etwas, das ihm im Leben verwehrt ist, z.B. Trost, Anerkennung, Geborgenheit, Linderung von seelischen Schmerzen, Erfolge im Computerspiel und die Möglichkeit zu vergessen und abzuschalten. Alkohol ist nicht nur chemisch ein Lösungsmittel, auch Probleme kann er vorübergehend lösen und vergessen machen, in der deutschen Sprache finden sich viele positive Redewendungen wie »den Kummer runterspülen«. Dichter besingen den Alkohol »Es ist ein Brauch von alters her: Wer Sorgen hat, hat auch Likör« (Wilhelm Busch).

Antoine de Saint-Exupéry lässt seinen kleinen Prinzen den Säufer auf seinem Planeten fragen, warum er trinke, worauf dieser entgegnet, weil er sich schäme, gefragt, warum er sich denn schäme, antwortete er, weil er trinke.

Die Jugendlichen haben ein positives Erleben mit der Droge oder den Medien, sie finden hier etwas, dass sie sonst nicht so einfach finden oder erleben. Die Drogen oder Medien werden im Sinne eines Selbstregulationsversuches, eines Selbstheilungsversuches eingesetzt. Der Schriftsteller Paulo Coelho hat in seiner Jugend viele Drogen konsumiert und ist mehrfach in die Psychiatrie zwangseingewiesen worden. Er sagt, Drogen seien nicht deshalb so schlimm, weil sie so gefährlich seien, wie es in den Kampagnen heiße, Drogen seien so schlimm, weil sie so gut seien (Arias & Coelho 2007). Dies ist ein Schlüssel zum Verständnis für junge Abhängige.

1.10 Folgen des Drogenkonsums

Jugendliche Abhängige können je nach Droge bis zu 100 oder 150 Euro pro Tag benötigen, um den Drogenkonsum zu finanzieren. Über kurz oder lang führt der Drogenkonsum zur Beschaffungskriminalität, zu Diebstahl, Einbruch, Erpressung, Raub, Straßenprostitution Minderjähriger und zum Dealen mit Drogen. Es kommt zu Konflikten mit dem Gesetz. Folgen sind je nach Einzelfall Arbeitsstunden bis zu mehrjährigen Haftstrafen. Der Richter kann eine Haftstrafe in eine Therapieauflage umwandeln. Nach Beendigung der Therapie wird die verbleibende Reststrafe in der Regel zur Bewährung ausgesetzt.

Die Jugendlichen grenzen sich zunehmend von ihren sozialen Bezügen ab. Sie haben ihre Kontakte in der Gruppe der Mitkonsumenten. Sie leben zeitweise auf der Straße oder bei Bekannten. Längeres Fehlen in der Schule ist keine Seltenheit.

Vielfältige körperliche Folgen können sich einstellen. Vor allem beim Spritzen der Drogen in die Vene finden sich Hepatitis-B-, Hepatitis-C- und HIV-Infektionen. Bei längerfristigem Ecstasy- und Cannabiskonsum treten häufig psychosenahe Symptome auf. Ob die Symptome Folge des Drogenkonsums sind oder ob die Drogen als Selbstmedikation einer sich entwickelnden Psychose eingesetzt werden, muss im Einzelfall beurteilt werden.

Mediensüchtige isolieren sich zunehmend von ihren sozialen Bezügen, nehmen nicht mehr am Familienleben teil, gehen eventuell nicht mehr in die Schule. In extremeren Fällen wird die Körperhygiene vernachlässigt, die Ernährung auf Junkfood reduziert und die Nacht zum Tag gemacht.

Da das positive Erleben aus Sicht des Jugendlichen überwiegt, ist der zunehmende Stress mit Eltern und Schule ein Grund mehr, sich in die Drogen- oder Medienwelt zu flüchten. Je älter der Konsument wird, desto mehr negatives Erleben kommt hinzu, wie der Verlust des Arbeitsplatzes, das Auseinanderbrechen von Beziehungen oder körperliche Folgeschäden. Somit geht die Motivation zur Veränderung häufig nicht vom Jugendlichen aus, sondern von den Eltern, Lehrern, Institutionen oder der Justiz.

1.11 Adoleszenz und Abhängigkeit

Die Adoleszenz ist eine Lebensphase, in der die bisher gewonnene Sicherheit, das Erleben der Welt, die eigenen Wertvorstellungen und die bisherigen Lebenserfahrungen erschüttert und in Frage gestellt werden. Der sich entwickelnde Sexualtrieb eilt der psychischen Entwicklung voraus. Der Jugendliche muss sich mit enormen inneren und äußeren Spannungsfeldern auseinandersetzen. Die Adoleszenz ist eine mögliche Bruchstelle in der Entwicklung. Belastungen in der frühen Kindheit oder Bindungstraumatisierungen, die klinisch bisher nicht erlebbar waren, können als problematisches Verhalten oder Erleben in den Vordergrund treten. Viele psychische Erkrankungen werden in diesem Lebensabschnitt manifest.

Das Jugendalter ist wie kein anderer Lebensabschnitt mit Experimentierfreude und Risikobereitschaft verbunden. Erste Erfahrungen mit psychoaktiven Substanzen werden typischerweise in dieser Lebenszeit gesammelt. Der Drogenkonsum ist eine Form der Auseinandersetzung mit der Erwachsenenwelt, in der Drogen, vor allem Alkohol und Nikotin, allgegenwärtig sind. Der überwiegende Teil der Heranwachsenden stellt den Drogenkonsum nach einer Phase des Probierens wieder ein. Die Übernahme von Verantwortung etwa mit Einstieg ins Berufsleben oder Familiengründung sind Schwellensituationen, die oft zum Aufgeben des Konsums führen.

Die Frage bleibt offen, warum ein Jugendlicher eine Drogenabhängigkeit entwickelt. Meine Erfahrung ist, dass bei diesen Jugendlichen oft seelische Fehlentwicklungen, Traumatisierungen und psychische Erkrankungen zugrunde liegen und die Drogen oder der Computer und das Internet als Versuch einer (falschen) Selbstmedikation eingesetzt werden, um innere Spannungen und Schmerzen zu lindern. Diese Jugendlichen haben häufig nicht gelernt, Frustration aktiv zu bewältigen.

1.12 Was können Angehörige, Freunde und Lehrer tun?

Sie sollten das Thema offen ansprechen, ohne zu moralisieren und zu verurteilen. Drogenabhängige stellen unser Wertesystem in Frage und konfrontieren uns mit unseren eigenen Suchtstrukturen und Unzulänglichkeiten. Versuchen Sie, dem Jugendlichen offen und einfühlsam zu begegnen, bei einer eigenen, klaren Haltung. Hilfe und Beratung finden Sie in den Drogenberatungsstellen vor Ort oder bei Ihrem Hausarzt oder einem Kinder- und Jugendpsychiater in Ihrer Nähe. Ambulante und stationäre Behandlungsangebote für abhängige Jugendliche sind vielerorts entstanden. In Hannover haben wir ein spezialisiertes stationäres und ambulantes Angebot in Kooperation mit der Jugendhilfe und einer Drogenberatungsstelle entwickelt.

1.13 Ambulantes Behandlungskonzept mit Schwerpunkt Internet- und Computersucht

Viele Jugendlich sind anfangs nicht bereit, zu einer Beratung zu gehen oder ihr Verhalten zu verändern. Sollte in der Beratung deutlich werden, dass Hilfe erforderlich ist, ist es empfehlenswert, mit den Jugendlichen und den Eltern eine Vereinbarung zu treffen, was sich in den nächsten 14 Tagen verändern muss, um eine stationäre Therapie zu vermeiden. Dazu kann gehören: der Jugendliche besucht ab sofort regelmäßig die Schule, steht dafür zeitig genug auf, er nimmt an den gemeinsamen Mahlzeiten teil, sucht sich längerfristig wieder ein Hobby, auch um Kontakt zu Gleichaltrigen aufzubauen, und nimmt sonstige alterstypische Pflichten wahr, wie Schulaufgaben oder Mithilfe im Haushalt. Erst wenn dies erledigt ist, kann der Freizeitbeschäftigung Computerspiel nachgegangen werden. Bezüglich der Smartphone- und vor allem PC-Nutzungsdauer sollte entweder ein tägliches Zeitkontingent vereinbart werden oder eines für die Woche, das sich der Jugendliche selbst einteilen kann. PC und Fernseher sollten an einem für alle zugänglichen Ort im Hause aufgestellt werden, nicht im Zimmer des Jugendlichen. Ferner sollten Konsequenzen vereinbart werden, für den Fall, dass die Absprachen nicht eingehalten werden. Am Ende steht, dass der Computer und Fernseher aus der Wohnung entfernt werden. Kommt der Jugendliche allen Vereinbarungen nicht nach und spielt auf dem Smartphone weiter, kann auch dies nach vorheriger Ankündigung vorübergehend eingezogen werden. Auch sollte abgesprochen werden, was passiert, wenn der Jugendliche aggressiv oder tätlich reagiert. Ist dies zu erwarten, so ist es hilfreich, wenn eine weitere Person als Unterstützung für die Eltern anwesend ist. Bei Gewalt ist die Polizei zu rufen. Dies sollte vorher klargestellt werden. Vereinbarungen sollten schriftlich fixiert werden. An einem festen Tag in der Woche können Vereinbarung neu besprochen werden. Ist der Jugendliche zum vereinbarten Zeitpunkt nicht anwesend, wird er über die neuen Vereinbarungen schriftlich informiert. Sein Interesse, am nächsten Termin teilzunehmen, wird sich erhöhen. Es sollte nur Inhalte vereinbart werden, die auch umgesetzt werden können, um die Glaubhaftigkeit nicht zu verlieren.

Jugendliche haben ein Recht auf ein Orientierung und Halt gebendes Gegenüber, an dem sie sich abarbeiten und entwickeln können. Auf einer Station wie Teen Spirit Island müssen Jugendliche einen klaren Rahmen, eine Halt und Schutz gebende Autorität und eine verbindliche Tagesstruktur akzeptieren. Was anfangs als bedrohlich oder unzumutbar wahrgenommen wird, wird im

Nachhinein oft als hilfreich und wesentlich beschrieben. Eltern fühlen sich in diesen Situationen oft machtlos und hilflos. Der Jugendliche bestimmt die Interaktion und Verhaltensregeln in der Familie. Aus Angst vor Veränderungen einer unerträglichen Situation wird tatenlos zugesehen, wie der Jugendliche sich seine Entwicklung verbaut. Das Wiederherstellen von Autorität durch Beziehung ist ein notwendiger Schritt. Hier sei auf das auch für schwierige und festgefahrene Situationen hilfreiche Konzept Autorität durch Beziehung verwiesen. Der Begründer Haim Omer beschreibt dies praxisnah und konkret anhand vieler Beispiele in seinen Büchern (Omer & von Schlippe 2023).

1.14 Die Therapiestation Teen Spirit Island

Teen Spirit Island ist eine Therapiestation für drogen- und medienabhängige Jugendliche. Sie ist Teil der Kinder- und Jugendpsychiatrie des Kinderkrankenhauses Auf der Bult in Hannover. Sie hat 18 Behandlungsplätze, 6 in der Aufnahmephase und 12 in der Behandlungsphase. Behandelt werden Jugendliche bis 18, vereinzelt bis 21 Jahre. Der Kontakt zur Station erfolgt über die Ambulanz von Teen Spirit Island. Einmal wöchentlich wird eine offene Sprechstunde angeboten. Eine regelmäßige Vorstellung ist die Voraussetzung für eine Aufnahme.

Auf der Therapiestation Teen Spirit Island haben wir ein Konzept entwickelt mit maximaler Konstanz in den therapeutischen und betreuenden Beziehungen von der Aufnahmephase (Drogenentzug und Motivation) über die Behandlung der zugrunde liegenden seelischen Störungen in der Behandlungsphase bis zur Nachsorge. In der Aufnahmephase (Dauer bis 8 Wochen) erfolgt die Entgiftung und Vorbereitung auf die Behandlungsphase. Neben medizinischer Überwachung werden intensive Beziehungsangebote gemacht. Die Behandlungsphase (Dauer bis 10 Monate) hat ihren therapeutischen Schwerpunkt in der Gruppen- und Einzelpsychotherapie sowie der familientherapeutischen Arbeit. Gegen Ende der Therapie sucht der Jugendliche sich ein Hobby und in Schul- oder Betriebspraktika erprobt er sich im Alltag.

Der Tagesablauf auf der Therapiestation ist zeitlich und inhaltlich klar strukturiert. In den Alltags- und Therapiegruppen soll Verbindlichkeit im Umgang miteinander und mit den Erwachsenen erarbeitet werden. Das Reden über sich selbst ist im Jugendalter noch ungeübt, oft beängstigend und bedrohlich. Die traumatischen Erfahrungen werden häufig vom unmittelbaren

Erleben abgespalten. Oft sind diese Erfahrungen nicht als »Geschichte« verfügbar und deshalb nicht erzählbar. Vor allem in der Anfangszeit auf Station leiden die Jugendlichen unter ihrer Sprachlosigkeit in Bezug auf ihre Erlebniswelt und ihre Lebensgeschichte. Im Rahmen des stationären Settings wird häufig reinszeniert, was erfahren wurde, in Worten aber nicht auszudrücken ist.

Ein Beispiel: Eine Jugendliche mit einer Missbrauchsgeschichte bringt sich wiederholt in gefahrvolle Situationen, in denen andere für sie und über sie entscheiden müssen, bis hin zu tätlichem Eingreifen, bevorzugt, wenn männliches Personal im Dienst ist. Auf Station kann nach Bedingungen gesucht werden, die helfen, aus den Spannungszuständen herauszufinden, die eine gewisse Sicherheit und Ruhe vermitteln und zur Stabilisierung beitragen. Ich-Fähigkeiten können entwickelt und trainiert werden, Interessen gesucht und Ressourcen aufgebaut werden. Selbstkontrolle und Selbststeuerung werden gefördert.

In den gruppen- und einzeltherapeutischen Sitzungen können die der Drogen- und Computersucht zugrunde liegenden Konflikte aufgedeckt und bearbeitet werden. In kleinen Schritten können Worte oder künstlerische Ausdrucksformen erarbeitet werden. Die traumatische Reinszenierung als Ausdrucksform tritt in den Hintergrund. Auf die Drogen und Medien als Selbstmedikation kann längerfristig verzichtet werden, wenn die erlebten Traumata bearbeitet wurden und Kraftquellen erschlossen sind. Die Gruppe kann bei diesem Prozess als stabilisierend und Halt gebend erlebt werden.

Das zentrale Element der therapeutischen und pädagogischen Arbeit ist die intensive persönliche Beziehung. Ohne Therapie der zugrunde liegenden seelischen Störung kann der Jugendliche auf die Droge und die Medien als Versuch der Selbstregulation längerfristig nicht verzichten.

Teen Spirit Island bietet ein multimodales jugendpsychiatrisches Angebot. Im Folgenden werden einige Angebote vorgestellt:

Tiefenpsychologisch-interaktionelle Gruppentherapie: Durch freie Interaktion im Hier und Jetzt kann das eigene Beteiligtsein an der Interaktion im Spiegel der Gruppe erfahren und bewusstwerden. Korrigierende Erfahrungen ermöglichen eine selbstbestimmtere Lebensgestaltung. Ziel ist es, im sozialen Miteinander besser zurecht zu kommen.

Themenzentrierte Interaktionsgruppe (TZI nach Ruth Cohen): spezifische Themen im Umgang mit Medien werden in der TZI angesprochen: kontrollierter Umgang mit Medien, in welchen Situationen verliere ich die Kontrolle, Gewaltspiele, Chatten, Umgang mit persönlichen Informationen im Netz.

Familientherapie: In der Familientherapie geht es um die Einbindung der Problematik in den familiären und sozialen Kontext. Anfangs steht oft die Bearbeitung von Schuldgefühlen im Vordergrund. Im weiteren Verlauf werden neue Umgangsformen und Perspektiven erarbeitet.

Einzeltherapie: In der Einzeltherapie werden die der Suchtproblematik zugrunde liegenden Themen und biografischen Besonderheiten bearbeitet und behandelt. Eine tragfähige therapeutische Beziehung ist Grundlage des therapeutischen Geschehens im Einzel- wie im Gruppenkontakt. In der Begegnung mit dem Therapeuten kann manches verstehbar werden. Für das eigene Leben kann ein Sinn und neue Motivation entwickelt werden, jenseits des Medien- und Drogengebrauchs. Dabei ist die Haltung und die Art und Weise der Beziehungsaufnahme des Therapeuten entscheidend, nicht die Therapieschule.

Bezugspflege: Auch in der Arbeit des Pflege- und Erziehungsdienstes ist die persönliche Beziehung zentrales Moment.

Kunsttherapie: Computerspiel, Fernsehen und das Internet bieten vorgefertigte Bilder, die nur bedingt gestaltet und mit eigener Fantasie angereichert werden können. Mediensüchtige malen oftmals Bilder, die ihrer Spielewelt gleichen. In der Kunsttherapie wird eine nonverbale, kreative Ressource gefördert. Das seelische Erleben wird reicher und differenzierter, unabhängig von medialen Vorgaben. Intermediärräume öffnen sich, welche die Entwicklung und gemeinsames Erleben fördern.

Klettern: Beim Hallen- und Felsenklettern und anderen sportlichen Angeboten wird vor allem das Körpererleben gestärkt. Körperliche Betätigung als Quelle von Selbsterleben und Wohlbefinden ist vielen Süchtigen fremd. Beim Klettern ist darüber hinaus das Gemeinschaftserleben ein zentrales Element. Nur durch Kooperation und gegenseitiges Vertrauen kann ein solches Vorhaben gelingen. Aufmerksamkeit und Erleben sind auf ein gemeinsames Vorhaben gerichtet. Diese »shared attention« ist ein wichtiges Entwicklungsmoment im sozialen Miteinander. Sich abends beim Lagerfeuer über das Erlebte auszutauschen sind Momente, die den Jugendlichen in seiner Ganzheit ansprechen, nicht nur visuell und akustisch und ohne reale soziale Bezüge in seinem dunklen Zimmer.

Kochgruppe: Süchtige berichten, dass sie sich überwiegend von Fast-Food ernähren. Für gemeinsame Mahlzeiten blieb keine Zeit oder diese wurden in der Familie nicht gepflegt. Für sich und andere eine leckere Mahlzeit zuzubereiten, ist eine die Sinne ansprechende Erfahrung. Beim gemeinsamen Essen kommt es zu Gesprächen, und die Jugendlichen bekommen unmittelbar Lob und Anerkennung für ihren Einsatz.

Garten- und Werkprojekt: Ins Tun kommen, Gestalten und Begreifen, schnelle Rückmeldung und Erfolgserlebnisse sind entwicklungsfördernde Elemente. Natur und Materialien werden als gestaltbares Gegenüber erlebt, die Sinne werden umfassend angesprochen. Die Jugendlichen haben Erfolgserlebnisse in dem die Pflanzen wachsen, gedeihen und geerntet werden können. Sie übernehmen Verantwortung für ein Beet. Prozesse in der Natur und der Jahreslauf werden hautnah spürbar.

Schule: Bei Mediensucht ist nicht die Abstinenz, sondern ein kontrollierter Umgang mit Medien das Ziel von Therapie. Ohne PC, Smartphone und Internet sind das gesellschaftliche Leben und die meisten Berufe nicht mehr denkbar. Im Rahmen des Krankenhausunterrichtes wird den Jugendlichen ein gesellschaftlich erwünschter und hilfreicher Umgang mit PC und Internet vermittelt. Erstaunlich ist, dass manch ein Jugendlicher, der in den Spielewelten zu Höchstform aufläuft und erstaunliches Geschick am Computer aufweist, keine Bewerbung schreiben oder schulische Inhalte recherchieren kann. In einem Berufspraktikum wird die Neugier auf ein Leben mit Teilhabe am gesellschaftlichen Miteinander geweckt und vermittelt, wofür es sich lohnen kann, sich in der Schule zu engagieren. Die Schule baut die Brücke zu einem anderen Umgang mit PC, Smartphone und Internet und zu einem Leben nach der Therapie.

1.15 Kooperationsnetzwerk für drogenabhängige Jugendliche

Drogenabhängige Jugendliche sind in den gegebenen Versorgungsstrukturen nicht gut aufgehoben. Die traditionelle Drogenhilfe hat ihren Schwerpunkt in der Betreuung von Erwachsenen. In der stationären Jugendhilfe ist der Drogenkonsum nach wie vor häufig ein Ausschlusskriterium. In der Behandlung süchtiger Jugendlicher stößt die allgemeine Kinder- und Jugendpsychiatrie schnell an ihre Grenzen. Abhängige Jugendliche drohen durch das Netzwerk des psychosozialen Betreuungsangebots zu fallen. In Hannover haben wir ein Netzwerk zwischen kooperierenden Einrichtungen für diese Jugendlichen entwickelt.

Drogenberatungsstellen haben einen Schwerpunkt in der Betreuung drogenabhängiger Jugendlicher und der Präventionsarbeit. Eine Betreuung nach § 35a (Wiedereingliederungshilfe für seelisch Behinderte oder von seelischer

Behinderung bedrohte Jugendliche) und § 41 (für junge Volljährige) des Kinder- und Jugendhilfegesetzes (KJHG) ist dort möglich.

Auf der Therapiestation für drogenabhängige Kinder und Jugendliche Teen Spirit Island ist neben der qualifizierten Entgiftung eine längerfristige stationäre psychiatrisch-psychotherapeutische Behandlung der zugrunde liegenden Störung möglich. Nach Beendigung der Therapie ist eine Überleitung in kooperierende Jugendhilfeeinrichtungen, zum Beispiel zu StepKids (s.u.) möglich. Die ambulante Nachbetreuung findet bei Bedarf über die Ambulanz von Teen Spirit Island bei denselben Therapeuten statt.

Die stationäre Jugendhilfeeinrichtung StepKids hat sich auf Jugendliche mit einer Drogenproblematik als Eingliederungshilfe nach § 35a des KJHG spezialisiert. Wiedereinstieg in die Schule, begleitende Berufsausbildung und weitere Verselbständigung sind die inhaltlichen Ziele. Bei Rückfällen ist eine kurzfristige Wiederaufnahme zur Krisenintervention auf Teen Spirit Island möglich. Inzwischen gibt es viele kooperierende Jugendhilfeeinrichtungen.

Im Einzelfall kann der Jugendliche von der ambulanten Phase über die stationäre Therapie bis zur Wiedereingliederungshilfe ohne größere Beziehungsabbrüche betreut und behandelt werden. Verlässt ein Jugendlicher vorzeitig die stationäre Therapie, ist eine Wiederanbindung an die Ambulanz von Teen Spirit Island oder eine Weiterbetreuung in einer Drogenberatungsstelle möglich. Auch zwischen StepKids und Teen Spirit Island kann es, wenn es der Einzelfall erfordert, zu kurzfristigen Wechseln kommen. In Ausnahmen ist eine direkte Überleitung aus der Ambulanz zu StepKids möglich. Dieses Modell bietet eine hohe Beziehungskontinuität und eine bedarfsgerechte, unbürokratische Zusammenarbeit unterschiedlich spezialisierter, sich ergänzender Einrichtungen. Regelmäßige Kooperationsgespräche sind notwendig, um die unterschiedlichen Schwerpunkte zu vernetzen und aufeinander abzustimmen.

Im Folgenden wird auf die Digitalisierung des Lernens und der Kindheit eingegangen und die Frage, welche Voraussetzungen notwendig sind, um die Möglichkeiten und Chancen der digitalen Technik selbstbestimmt und gewinnbringend nutzen zu können. Während sich die Rahmenbedingungen der kindlichen Entwicklung rasant ändern, bleiben die Gesetze der kindlichen Entwicklung gleich. Auf die Frage, was Kinder für eine gesunde seelische Entwicklung brauchen, wird daher im Anschluss eingegangen.

2 Lernen Kinder digital? Ab wann sind digitale Bildschirmmedien sinnvoll für das Lernen?

Die Internet- und Computersucht ist ein Phänomen, das im Zuge der zunehmenden Verbreitung digitaler Medien, neuen Kommunikationsformen und v. a. der Unterhaltungssoftware entstanden ist. Während der Corona-Pandemie wurde die Nutzung digitaler Medien im Unterricht oder für die Kommunikation über Social Media als alternativlos dargestellt. Die Nutzungszeiten haben sich deutlich erhöht und auch die Internet- und Computersucht ist ein wachsendes Problem. Politisch gewollt erleben wir in den letzten Jahren eine Mediatisierung und Digitalisierung der Kindheit. Diese Entwicklung kritisch zu beleuchten, gerade unter dem Gesichtspunkt der kindlichen Entwicklung und Gesundheit sowie der Frage, ob präventiv Voraussetzungen notwendig sind, um mit den genialen Möglichkeiten der digitalen Entwicklung gewinnbringend und selbstbestimmt umgehen zu können, ist Anliegen dieses Abschnittes.

Parteiübergreifend wird die Ausstattung mit Hard- und Software und WLAN in Schulen und auch Kindergärten gefordert. Die Bundesregierung schreibt auf ihrer Internetseite zum Thema Digitalpakt für Schulen: »Einmaleins und ABC nur noch mit PC. Die ›Bildungsoffensive für die digitale Wissensgesellschaft‹ ist gestartet.« (Die Bundesregierung 2016). Das Bundesbildungsministerium will in Schule, Berufsschule, Hochschule und Weiterbildung Breitband, WLAN und PC zum Standard machen. 2019 hat der Bund den Digitalpakt nach einer Grundgesetzänderung auf den Weg gebracht und fünf Milliarden Euro zur Verfügung gestellt. Die Kosten für Wartung, Schulung etc. müssen von Schulen, Städten und Gemeinden getragen werden und erhöhen diesen Betrag um ein Vielfaches. Auf Wahlplakaten zur Bundestagswahl 2017 fanden sich Statements wie: »Digital first. Bedenken second.« (Christian Lindner, FDP). Dorothee Bär, Staatsministerin für Digitalisierung, warb mit dem Slogan: »Wir wollen Digital-Weltmeister werden«. Eltern haben Angst, dass ihre Kinder den sozialen Anschluss verpassen und in der zukünftigen Arbeitswelt nicht konkurrenzfähig sind. Äußert man sich in Bezug auf den Einsatz der digitalen Medien in der Kindheit kritisch, wird man schnell als Fortschrittsbremse und Kulturpessimist dargestellt.

Es steht außer Frage, dass ein junger Mensch, der die Schule verlässt und eine Ausbildung oder ein Studium beginnt, mit digitalen Medien einen kompetenten Umgang erlernt haben muss und diesen möglichst selbstbestimmt und für sich und die Gemeinschaft gewinnbringend einsetzen kann. Die Frage ist, wie wir Kinder und Jugendliche dorthin führen. Das möglichst frühe Heranführen und der frühe Gebrauch der Technik (early high touch) wird politisch unterstützt. Unbeantwortet ist aber die Frage, welche Voraussetzungen notwendig sind, um die digitale Technik im späteren Leben selbstbestimmt und gewinnbringend nutzen zu können. Diese Frage wird am Ende noch einmal aufgegriffen.

Die Lebensbedingungen haben sich in den letzten Jahren rasant verändert und während der Corona-Pandemie nochmals verschärft. Praktisch jeder Lebensbereich ist von der Digitalisierung betroffen und wird auf den Kopf gestellt. Wir erleben eine gewaltige Beschleunigung. Die Entwicklungsschritte der Kinder bleiben aber gleich und es ist nicht förderlich, diese zu überspringen. Auch das Gras wächst nicht schneller, wenn man daran zieht.

2.1 Mediennutzung

Die Mediennutzung beginnt teilweise schon pränatal. Utensilien zur Musikübertragung in den schwangeren Bauch sind im Internet erhältlich. Unter Baby Wearables werden zahlreiche Überwachungsfunktionen von Video, Vitalfunktionen, Temperaturmessung via Bluetooth-Schnuller u. a. angeboten, die mit dem eigenen Smartphone verbunden sind. Bei schwerer Krankheit und Frühgeburt können diese Überwachungsfunktionen sinnvoll und notwendig sein. Zahlreiche Angebote für Baby Laptops und Smartphones etc. folgen, mit Werbetexten wie: »Mit diesem Spielzeug-Smartphone, das sich an einem Buggy oder an einer Windeltasche befestigen lässt, bleibt das Baby immer auf dem Laufenden. Drückt man den Knopf, werden realistische Geräusche und fröhliche Musik aktiviert. Für Abwechslung sorgt außerdem ein Selfie-Spiegel, in dem das Baby sich betrachten kann« (Mattel 2016). Hello Kitty wirbt für seinen Laptop »Mit tollen Spiel- und Lernfunktionen begeistert der Hello Kitty Erster Laptop kleine Entdecker. In zwei Spielmodi lernt Ihr Kind spielerisch erste Formen, Tiere, Geräusche und Melodien kennen. Durch Drücken der Tasten und das Bedienen der niedlichen Maus werden wichtige motorische Fähigkeiten geschult. Hello Kittys blinkende Schleife, die fröhlichen Lieder und Melodien machen den Spielspaß perfekt! ... Von 12 bis 36 Monaten«

(Sanrio 2012). Viele Kinder trage eine Smartwatch. Die Kinder sind so erreichbar, man weiß im Zweifelsfall, wo sie sich aufhalten. Das Argument der Sicherheit überzeugt viele Eltern. Mit der gleichen Argumentation wird dafür geworben, Kindern in der Hand zwischen Daumen und Zeigefinger einen kleinen Mikrochip einzusetzen. Hier können später auch der Schlüssel, Ausweisdokumente, Bezahlfunktion usw. hinterlegt werden, die über eine digitale Identität abrufbar sind.

Im Jugendalter besitzen laut JIM-Studie 2022 97 % ein eigenes Smartphone. Einen eigenen Computer haben 72 % der weiblichen und 75 % der männlichen deutschen Jugendlichen. Auch ein eigener Fernseher ist bei noch knapp 60 % vorhanden. Das Smartphone ist das am häufigsten eingesetzte Gerät für die Internetnutzung. Das Einstiegsalter für den Besitz des ersten Smartphones sank in den letzten Jahren jährlich um ein Jahr. In den USA erhalten die meisten Kinder ihr erstes Mobiltelefon im Alter von 6 Jahren. Das Smartphone ist allgegenwärtig und wird je nach Untersuchung bis zu 150-mal am Tag aktiviert, das heißt bis zu alle 9 Minuten. Für die USA werden Zahlen von 1.500 Nutzungen pro Woche (2014/Tag) genannt (Dailymail UK 2014). Laut Jugenddigitalstudie surfen die 16- bis 18-Jährigen 63,7 Stunden pro Woche im Internet (9,1 Stunden pro Tag). Die am häufigsten genutzten Apps sind die sozialen Medien wie WhatsApp, Instagram, Facebook, TikTok und YouTube. Bei den Kindern ist das Fernsehen häufig noch ein zeitlich bedeutsames Medium und die Nutzung des elterlichen Smartphones oder Tablets kommt kumulativ dazu.

2.2 BLIKK-Studie

Im Rahmen der Früherkennungsuntersuchung durch die Kinder- und Jugendärztinnen und -ärzte wurden die Daten von 5.573 Kindern und Jugendlichen zur Mediennutzung und deren Auswirkung auf die Gesundheit erhoben. Bei vermehrter Mediennutzung fanden sich Fütter- und Einschlafstörungen bei den Kleinen, wenn die Mutter während der Säuglingsbetreuung Medien nutzte. Bei Kindern und Jugendlichen fanden sich abhängig von der Mediennutzung gehäuft motorische Hyperaktivität und Konzentrationsstörungen, Sprachentwicklungsverzögerungen, Schlafmangel, Adipositas und Kurzsichtigkeit. Der Schlafmangel ist auch auf die Unterdrückung der Melatonin Ausschüttung durch den hohen Blauanteil im Licht der Bildschirme zurückzuführen. Für die gesunde Entwicklung des Auges braucht dieses Tageslicht und reale Perspektive. Auch bei exzessivem Bücherlesen in der Kindheit kann sich eine Kurzsichtigkeit entwickeln. 69,5 % der Mütter gaben an, dass sich ihre Kinder über den Tag verteilt nicht länger als zwei Stunden ohne digitale Medien beschäftigen können (BLIKK-Medien 2017).

Auch die LIFE-Studie (Poulain et al. 2018) mit 537 Vorschulkindern, die über ein Jahr untersucht wurden, aus der Kinderstudienambulanz in Leipzig, kommt zu ähnlichen Ergebnissen. Je mehr Zeit die Kinder bei der ersten Datenerhebung mit digitalen Medien verbrachten, desto mehr Schwierigkeiten hatten sie ein Jahr später im Umgang mit anderen Kindern und sie hatten weniger reale Freunde, im Vergleich mit Kindern, die keine oder wenig Medien nutzten. Hatten die Kinder beim ersten Messzeitpunkt Schwierigkeiten im Umgang mit anderen Kindern, verbrachten sie ein Jahr später mehr Zeit mit digitalen Medien.

In China will die Regierung die Zahl neuer Computerspiele und die Zeit, welche die Kinder damit verbringen begrenzen, um der zunehmenden Kurzsichtigkeit entgegenzuwirken.

2.3 Soziale Medien

Nachdem u. a. eine 12-Jährige ihren Selbstmord bei Facebook streamte, reagierte Facebook mit einer neuen Funktion, die Suizidabsichten der Nutzer erkennen soll, die in der EU allerdings nicht zugelassen ist. Dies zeigt, wie tief Facebook und die künstliche Intelligenz in unser Seelenleben eindringen. Wie über Facebook und Co. Menschen nicht nur in Wahlkampfzeiten manipuliert werden können, zeigte nicht erst der Facebook-Skandal. Facebook hat eine Befragung mit über 80.000 Freiwilligen zu deren Neigungen und Wünschen mittels Fragebogen durchgeführt. Der Fragebogen wurde von den Befragten ausgefüllt und anschließend Freunden, Familie, dem Lebenspartner und Facebook vorgelegt. Facebook kam nur auf Grundlage von über 300 Likes dem Ergebnis am nächsten. Twenge (2023) stellt eine Fülle von Daten zusammen, die verdeutlichen, dass vermehrte Smartphone Nutzung gehäuft mit negativen Gefühlen und Depression einhergehen. Während Fernsehen, soziale Medien, Computer- und Internetnutzung gehäuft mit negativen Affekten verbunden waren, fanden sich bei folgenden Aktivitäten gehäuft positive Auswirkungen auf die Gefühle: sportliche Betätigung, analoge soziale Interaktion, das Lesen von Printmedien. Mit der neuen EU-Datenschutzverordnung ist die Nutzung sozialer Medien wie Facebook und WhatsApp erst ab 16 Jahren gestattet, wobei das Alter nur mit einem Klick im Internet bestätigt werden muss und mit Zustimmung der Eltern auch vorher möglich ist. In der Begründung der Richter heißt es, dass eine gewisse Reife notwendig sei, um überblicken zu können, welche Konsequenzen die Freigabe der persönlichen Daten habe. Kinderärzte und Psychologen haben Facebook aufgefordert, die Chat-App »Messenger-Kids« wieder einzustellen, und ehemalige leitende Mitarbeiter der ersten Stunde von Facebook warnen vor den negativen Auswirkungen sozialer Netzwerke und von Smartphones. Viele Eltern haben Sorge, dass ihre Kinder den sozialen Anschluss verpassen, wenn sie kein Smartphone haben. Ca. 1 Million Kinder im Kindergartenalter und zum Teil noch im Grundschulalter wachsen in Deutschland ohne Bildschirmmedien auf. Diese Kinder haben mehr Zeit für freies Spiel, mehr reale Kontakte und sind sozial gut integriert.

2.4 Digitale Bildschirmmedien und Schulleistung

Wie schon erwähnt, stellt das Bildungsministerium viel Geld für die Digitalisierung der Schulen bereit, verbunden mit dem Ziel, die digitalen Lernbedingungen zu verbessern. Doch gibt es viele Anhaltspunkte, diese Entwicklung kritisch zu betrachten.

Die beste Längsschnittstudie zu den Auswirkungen des Fernsehkonsums im Kindergartenalter auf die spätere Bildung stammt von Hancox et al. (2004) aus Neuseeland. Knapp 1.000 Kinder des Jahrganges 1972/73 wurden über einen Zeitraum von 26 Jahre untersucht. Ein Ergebnis daraus ist: der TV-Konsum im Kindergarten entscheidet mit über die Bildungschancen im Erwachsenenalter. Viel Konsum (schon ab zwei Stunden und mehr) hat deutlich weniger Uniabschlüsse und mehr Jugendliche ohne Schulabschluss und Ausbildung zur Folge.

Menschenzeichnungen von Vorschulkindern, die mehr als drei Stunden täglich fernsehen, sind deutlich rudimentärer im Vergleich zu Kindern, die weniger als 60 Minuten täglich fernsehen (Winterstein & Jungwirth 2006).

Wissenschaftler der London School of Economics untersuchten, wie sich ein Mobiltelefonverbot auf die Schulleistungen auswirkt, 91 Schulen mit mehr als 130.000 Schülern nahmen daran teil. Je länger das Handyverbot bestand, desto besser waren die Schulleistungen. Schwache Schüler profitieren deutlich mehr, sie lassen sich wahrscheinlich leichter ablenken, so die Erklärung der Autoren.

In Frankreich dürfen Schüler das Handy in den Schulen und auf Schulausflügen bis zum Alter von 15 Jahren nicht nutzen. Gymnasien in Frankreich haben die Möglichkeit ein Handyverbot einzuführen, sind aber nicht dazu verpflichtet, während in Bayern schon wieder über eine Lockerung des Handyverbots nachgedacht wird.

Wilfried Boss, Leiter der Telekom-Studie »Schule digital«, weist selbst und mit Bezug auf eine OECD-Studie auf den fehlenden Nachweis von Digitaltechnik für bessere Unterrichtsergebnisse hin. »Die Sonderauswertung hat auch gezeigt, dass Staaten, die in den letzten Jahren verstärkt in die digitale Ausstattung der Schulen investiert haben, in den vergangenen 10 Jahren keine nennenswerten Verbesserungen der Schülerleistung in den Bereichen Lesekompetenz, Mathematik oder Naturwissenschaft erzielen konnten. Verstärkte Nutzung digitaler Medien führt offensichtlich nicht per se zu besseren Schülerleistungen, vielmehr kommt es auf die Lehrerperson an« (Lankau 2022).

In Texas wurde an 24 Studenten ein Smartphone verschenkt, um die Auswirkungen auf das Lernen zu untersuchen. Eine Software zeichnet die Nutzung über ein Jahr auf. Das Smartphone wurde durchaus zum Lernen verwendet. Die Beurteilung des Nutzens des Smartphones für das Lernen durch die Studenten war vor dem Jahr deutlich positiver als danach. Das Smartphone unterstützt den Lernprozess nicht, weder bei den Noten, den Hausaufgaben noch bei den Prüfungen, so die Studenten. Es lenkt vor allem ab. Die Noten wurden während des Jahres deutlich schlechter (Tosssell et al. 2015).

Das Projekt 1000mal1000 Notebooks im Schulranzen und das Hamburger Notebook Projekt zeigten keine positiven Auswirkungen auf die Leistungen und Kompetenzen der Schüler Die Mediennutzungskompetenz war bereits vorhanden, während die Unaufmerksamkeit im Unterricht zunahm (Spitzer 2017).

Der Spracherwerb bei Kleinkindern findet nur im Dialog mit Erwachsenen statt. Der Sehsinn als Unterstützung (Ablesen von Lippen, nicht nur Hören, der sogenannte Mc Gurk Effekt) sind hier wichtig. Vor dem Bildschirm lernt das Baby die menschliche Sprache nicht. Wer eine Online-Zeitung liest, macht dies deutlich kürzer, als wenn er diese in der Hand hält. Und beim haptischen Lesen bleibt mehr hängen als beim Bildschirmlesen. Beobachtet man Eltern und Kinder beim Vorlesen mit E-Book versus traditionelles Buch, so ist das dialogische Lesen beim Buch deutlich ausgeprägter, es wird mehr nachgefragt und erzählt, was sich positiv auf den Spracherwerb auswirkt. Auch die Erinnerung an Details und Reihenfolge sind nach dem Vorlesen mit einem Buch besser. Sogenannte enhanced E-Books (mit Bildern, Filmen, Vorlesefunktion zum Anklicken) lenken ab, da man wie bei der Internetsuche eingeladen wird, assoziativ von einem Inhalt zum nächsten zu springen und sich nicht auf einen Gedanken zu konzentrieren. Bei elektronischen Kinderbüchern wird beim Vorlesen weniger interagiert als bei gedruckten Büchern, der Dialog ist aber gerade bei kleinen Kindern entscheidend für den Spracherwerb (Spitzer 2017). Von Bildungspolitikern wird schon das Ende der »Kreidezeit« verkündet. (Die Bundesregierung 2016) Das Buchstabenlernen mit dem Stift und entsprechenden Geschichten und Bildern und Handgeschriebenes wird aber besser erinnert, als wenn das ABC auf der Tastatur gelernt wird. Im Gehirn werden dabei viel komplexere Vorgänge durch Motorik und das Einbeziehen anderer Sinne angeregt, als wenn nur Tastatur und Bildschirm genutzt werden. Diesen Prozess nennt man auch sensomotorisches Handeln und Lernen. Bei chinesischen Schülern wird ein deutlicher Abfall bei der Lesefähigkeit beobachtet, wenn die Schriftzeichen mit der Tastatur gelernt werden. Die Schriftzeichen müssen oft geschrieben werden, um diese gut zu erinnern. Auch das Lernen mit selbstgeschriebenen Karteikarten beim Spazierengehen ist effektiver als das Lernen am Bildschirm (Aiken 2018).

In wiederholt durchgeführten Intelligenztest an großen Kohorten war zu beobachten, dass der Intelligenzquotienten (IQ) über die Jahrzehnte bis zum Ende des letzten Jahrhunderts in vielen Ländern zunahm. Dieser Effekt ist auch als sogenannter Flynn-Effekt bekannt. Ein Hauptgrund scheint die bessere und längere schulische Bildung zu sein. Seit Beginn dieses Jahrhunderts ist eine Umkehrung, sprich eine leichte Abnahme des IQ, in vielen Ländern zu beobachten. Am stärksten ausgeprägt ist dieser Effekt in Estland, dem Musterland der schulischen Digitalisierung. Als mögliche Ursachen werden wieder die Qualität der Schulen und der steigende Medienkonsum diskutiert. Die schulische Bildung wurde als wesentlich für die Zunahme des IQ über die Jahre diskutiert. Die große Bildungsmetastudie von John Hattie kommt zu dem Schluss, dass die Persönlichkeit des Lehrers maßgeblich für den Lernerfolg ist (Hattie 2017). Durch die Digitalisierung der Schule wird dem Lehrer eher die Rolle eines Lern-Coaches zugewiesen.

Neurobiologischer Forschung zufolge steht Bewegung mit Intelligenzentwicklung in direktem Zusammenhang. So spielt Bewegung eine wichtige Rolle für die Hirndurchblutung und die Vernetzung der Hirnzellen untereinander. Gerade im frühen Lebensalter wird die neuronale Plastizität am stärksten durch Bewegung beeinflusst. Eine erhöhte sportliche Aktivität wirkt sich positiv auf die soziale Einbindung, Konzentrationsfähigkeit und Lernfreude aus.

Im Internet liegen Fake und Truth nah beieinander. Dies setzt einen kritischen Umgang mit Informationen aus dem Internet voraus. Welche Quelle ist seriös, woran erkenne ich Fake News? Wo recherchiere ich und woher beziehe ich meine Informationen? All dies muss Schülern beigebracht werden, um einen sinnvollen Umgang zu gewährleisten. Dies setzt aber die Fähigkeit zum kritischen Denken voraus. Auch Lehrer und Eltern müssen diese Fähigkeiten haben, um diese an die Jugendlichen weitergeben zu können. Über 75 % der Internetseiten amerikanischer Studenten sind kürzer als 1 Minute offen (Twenge 2023). Dies ist eine sehr unterschiedliche Erfahrung zum Lesen eines Buches. Um Google zielführend nutzen zu können, sind Grundkenntnisse dessen, was ich suche, notwendig, um die Ergebnisse einordnen und beurteilen zu können. Das Internet ist bei jungen Menschen zur wichtigsten Informationsquelle geworden, was an sich nicht problematisch ist. Die am häufigsten genutzten Seiten sind die Sozialen Medien, YouTube und TikTok. Suchen zwei Nutzer bei Google nach den gleichen Inhalten, sind die angebotenen Suchergebnisse nicht zwangsläufig gleich, sondern orientieren sich auch an den bisherigen Suchanfragen. Wie in einer Blase wird die eigene Meinung tendenziell bestätigt und es besteht bei fortgesetztem Suchen eine Tendenz zur Radikalisierung der angebotenen Inhalte. Dies gefährdet unsere Demokratie in der ein kritischer, gut recherchierter und die unterschiedlichen Seiten beleuchtender Journalismus ein wichtiger Baustein ist.

Entwickler der ersten Stunde wie Steve Jobs und Bill Gates sind im Umgang mit ihren Kindern die digitale Technik betreffend sehr zurückhaltend gewesen, da sie um die großen Chancen und Möglichkeiten, aber auch die Risiken wissen. Viele CEOs aus dem Silicon Valley schicken ihre Kinder auf eine Schule, die in den ersten Jahren ohne Computer unterrichtet. Das Apple Design Laboratory arbeitet komplett offline, um sicher zu gehen, dass die Informationen nicht vorab im Netz abgegriffen werden können. Auch die Schulen könnten ab einem bestimmten Alter der Schüler digital, aber auf den meisten Rechnern offline arbeiten, um selbstbestimmt zu entscheiden, wann und was an individuellen Schülerleistungen ins Netz gestellt und damit öffentlich wird.

2.5 Neuroplastizität

Unser Gehirn ist ein plastisches, nutzungsabhängiges Organ. Schon vorgeburtlich wird ein Überschuss an Nervenzellen produziert. Die Nutzung und wiederholte Erregung bestimmter Regionen entscheidet über die Verknüpfung zu sogenannten neuronalen Netzwerken, die immer stabiler und funktionsfähiger werden, was sich auch als Lernerfolg zeigt. Bei Jugendlichen, die auf den Tastenhandys mit drei Buchstaben schnell und ohne hinzuschauen SMS schreiben können, fand sich auf der motorischen Repräsentanz im Gehirn, dem sogenannten Homunculus, ein entsprechend großes Areal für den Daumen, bei einem Pianisten werden die Hände stark vertreten sein. Alles, was wir machen und erleben, hinterlässt Spuren im Gehirn, wobei Kinder neue Strukturen entwickeln und Erwachsene mit neuen Lernerfahrungen eher an bereits vorhandene Strukturen anknüpfen. In der kindlichen Entwicklung ist das sinnliche Be-Greifen die Vorstufe des späteren kognitiven Erfassens und Verstehens. Vor allem das Neugeborene ist ganz Körper. Bedürfnisse und Kommunikation werden unmittelbar über seine Leiblichkeit vermittelt. Über Körperkontakt beruhigt die Mutter und stillt die Bedürfnisse des Kindes. Später lernt das Kind den dreidimensionalen Raum kennen, in dem es sich aufrichtet (Spitzer 2020). Beim Zählenlernen sind anfangs die Finger aktiv dabei, wie beim Lesenlernen die Lippen sehr aktiv sind, bis beides zunehmend abstrahiert wird und sich nur noch im Kopf abspielt. Eine Untersuchung zu den Lebensläufen von Nobelpreisträgern zeigte, dass diese in ihrer Kindheit häufig mit Bauklötzen gespielt haben (Spitzer 2020). Bauklötze sprechen die Sinne vielfältig an und Kinder erlernen spielerisch den Umgang mit Dreidimensionalität, Statik, Schwerkraft u. a. Die Feinmotorik wird angeregt, Babys nehmen die Klötze in den Mund und riechen daran, werfen ihn runter und warten auf die Reaktion der Eltern. All dies verkümmert, wenn Kinder am Tablet wischen, und die Sinneseindrücke reduziert werden.

In einem Experiment wurden zehn Katzenpaare im Dunkeln großgezogen. Drei Stunden täglich verbrachten sie bei Tageslicht jeweils paarweise in einem Karussell, wobei die eine sich frei bewegen konnte und die andere nur durch die Bewegung der ersteren bewegt wurde. Sie sahen dabei das Gleiche, konnten sich aber gegenseitig nicht sehen. Die Katzen, die sich selbst bewegten, entwickelten sich normal. Die bewegten Tiere lernten nicht, die Platzierung ihrer Pfoten visuell zu steuern, auf sich nähernde Objekte zu reagieren oder bewegte Objekte mit dem Blick zu verfolgen. Zweidimensionale fotografische Bilder sind nicht zum Verständnis und zur Entwicklung der visuellen Wahrnehmung geeignet (Crawford 2016).

In der Kognitionswissenschaft spricht man auch von Embodiment oder körperbezogenen Lernerfahrungen. Auch in der Robotik ist von Embodiment die Rede. Um Künstliche Intelligenz in der realen physischen Welt nutzbar zu machen wird oftmals sensorische Rückmeldung benötigt, die Technik macht hier ähnliche Lernerfahrungen wie das Kind. Die Funktionsfähigkeit unseres Gehirns hängt von unserer geistigen Tätigkeit ab. Das Merken von Telefonnummern und Zahlenkombinationen, die Orientierung im Raum und das Kartenlesen sind konkrete Beispiele, wo die Digitalisierung uns Aufgaben abnimmt, aber auch Fähigkeiten verlorengehen oder gar nicht erst angelegt und trainiert werden. Kindern sollten wir derartige Erfahrungen nicht vorenthalten, denn Denken lohnt sich. Der Computer führt zu einer Entleiblichung des Bewusstseins und fördert eine leibfreie Mühelosigkeit. Die Digitalisierung hat geniale Errungenschaften, die uns Menschen in vielen Bereichen Arbeit abnehmen oder erleichtert. Aber gerade, weil sie uns geistige Tätigkeit abnimmt, ist sie nicht hilfreich für das Lernen, und sollte die eigene tiefe geistige Beschäftigung mit einem Thema in der Zeit des Lernens und auch später nicht ersetzen.

2.6 Ausblick

Die Digitalisierung wird fortschreiten und nahezu alle Lebensbereiche verändern. Wie bei jeder Veränderung werden auch die Kollateralschäden wie Sucht zunehmen. Ziel ist es, Kinder und Jugendliche gut auf die Chancen und Herausforderungen der sich verändernden Lebensrealitäten vorzubereiten und ihnen einen möglichst selbstbestimmten und für sich und die Gesellschaft gewinnbringenden Umgang mit der digitalen Technik zu ermöglichen.

Welches Ziel verfolgen wir als Gesellschaft? Ist es der kompetente, konforme, angepasste und funktionierende Nutzer? Oder freie, kreative Menschen, die Verantwortung übernehmen und den Wandel gestalten? Die Technik von heute ist nicht die Technik von morgen. Vor Jahren hat keiner das Smartphone vermisst und erwartet, dass wir auf dem Handy Wischbewegungen machen werden. In zehn Jahren wird die Technik das Smartphone voraussichtlich schon wieder überholt haben. Schon heute beginnen wir, die Geräte interaktiv über Sprache zu steuern (Alexa und Siri), selbstfahrende Autos sind in der Testphase und es wird bereits an der gedanklichen Steuerung gearbeitet. Künstliche Intelligenz und ChatGPT stellen uns vor immer neue Herausforderungen (Spitzer 2024). Das heißt, wir müssen die Kinder auf eine sich ständig verändernde Welt vorbereiten und ihnen Fähigkeiten vermitteln, sich in dieser zurecht zu finden. Wir sprechen von einer digitalen Revolution und disruptiven Entwicklung. Viele Arbeitsplätze werden digitalisiert und von Robotern übernommen, die manche Tätigkeit besser, schneller und sicherer ausführen können. Menschliche Ressourcen werden frei, Arbeit, Besteuerung, soziale Umverteilung müssen neu gedacht und entwickelt werden. All dies sind große Chancen und Herausforderungen. Um diese zu meistern und menschlich zu gestalten und nicht der Technik und großen monopolistischen Konzernen zu überlassen, brauchen wir freie, kreative, selbständig denkende und Verantwortung übernehmende Menschen. Dies sollte Ziel von Erziehung und schulischer Ausbildung sein. Für die Wirtschaft plädiert Reinhard Sprenger (2023) für die Wiedereinführung des Menschen in die Unternehmen. Denn alles Digitale beginnt analog – und endet auch dort.

Die eingangs gestellte Frage ist, wie wir Kinder und Jugendliche auf dem Weg zu selbstbestimmten und für sich und die Gesellschaft gewinnbringenden Nutzern der digitalen Technik begleiten. Durch möglichst frühes Heranführen? Oder die Frage, welche Voraussetzungen notwendig sind, um einen selbstbestimmten, sinnvollen Umgang zu ermöglichen?

Der Mensch ist ein körperliches Wesen und die Förderung der Sinneswahrnehmung, auch als Ausdruck seelischer Prozesse und geistiger Aktivitäten, ist ein wesentliches Element der Erziehung. Der Computer und das Internet entleiblicht und nimmt uns geistige Tätigkeit ab.

Lernen ist Beziehungslernen. In einer großen Metastudie untersuchte John Hattie (2023), was beim Unterrichten wirkt, und betont dabei die Bedeutung der Persönlichkeit des Lehrers. Gerade kleine Kinder lernen, weil sie ihren Lehrer schätzen und nicht, weil sie später einmal Ingenieur werden wollen. Jeder erinnert sich an Lehrerpersönlichkeiten, die uns begeistert haben, wo der Unterricht Freude machte und viel hängen geblieben ist. Wenn sich die Begeisterung des Lehrers auch auf digitale Lehrmedien bezieht, spricht nichts dagegen, diese ab einem bestimmten Alter mit in den Unterricht zu integrieren. Saint-Exupéry schrieb: »Der Irrtum ist immer derselbe und beruht auf deinem Vorgehen. Es ist nicht das Schiff, das durch das Schmieden der Nägel und Sägen der Bretter entsteht. Vielmehr entsteht das Schmieden der Nägel und Sägen der Bretter aus dem Drang nach dem Meere und dem Wachsen des Schiffes.« (Saint Exupéry 1948; übers. 1956, S. 314). Diesen Drang, diese Sehnsucht nach dem Meer im Kinde zu wecken und wachsen zu lassen, ist Aufgabe von Schule und Erziehung. Ist dieser Keim gesät und die intrinsische Motivation angelegt, kann das Internet hilf- und segensreich sein. Hier findet sich die Schiffsbauanleitung, der nächste Holz- und Baumarkt und der Weg zum Meer. Aber das bloße Vorhandensein dieser Fakten macht keinen zu einem begeisterten Schiffsbauer und Kapitän.

Medienkompetenz beginnt mit Medienabstinenz. Vor allem kleine Kinder brauchen umfassende basale Sinneserfahrungen und keine Reduktion auf Wischen und visuelle und auditive Eindrücke. Bewegung und auf Bäume klettern fördert nicht nur die kognitiven Fähigkeiten, sondern beugt vielen Zivilisationskrankheiten vor, wie Adipositas, Diabetes, Herz-Kreislauf-Erkrankungen, Kurzsichtigkeit u.a., die zunehmend häufiger schon im Kindesalter auftreten und durch die frühe Mediennutzung verstärkt werden. Wer sich als Kind gerne bewegt, und dies machen Kinder in aller Regel, wenn wir sie nicht vor Bildschirmmedien setzen, wird sich auch als Erwachsener gerne bewegen. Das freie, fantasievolle kindliche Spiel ist ein zentrales Element in der Persönlichkeitsentwicklung. Im Spiel erfährt das Kind etwas von der Welt. Der Computer ist digital und der Bildschirm gibt mir fertige Bilder. Deshalb sollten Eltern erst Pipi Langstrumpf vorlesen und eigene Bilder und Fantasie entstehen lassen und dann den Film mit den Kindern anschauen. Sichere Bindung und uneingeschränkte Liebe und Akzeptanz sind das Fundament für die weitere Entwicklung und die beste Frühförderung. Begeisterung für das Leben und Lust am Lernen zu vermitteln, kommen später hinzu. All dies findet im bildschirmmedienfreien Raum statt und ist Voraussetzung für einen selbstbestimmten und gewinnbringenden Umgang mit digitalen Medien.

In der weiterführenden Schule kommt dann eine sinnvolle Medienerziehung hinzu. Die rein technische Handhabung können die Jugendlichen meist schon. Neben dem Vermitteln von Programmierkenntnissen geht es darum, die Jugendlichen für den Umgang mit Privatsphäre und Cybermobbing zu sensibilisieren, verlässliche Quellen zu erkennen, Fake und Truth zu unterscheiden und die Geschäftsideen vieler Internetfirmen zu verstehen. »If you are not paying anything, you are not the customer but the product sold.« Zwei Gymnasien einer kleineren Stadt haben einen aus meiner Sicht beispielhaften Umgang mit digitalen Medien entwickelt. In den ersten beiden Jahren waren die Nutzung und auch die Kommunikation über diese Medien für Lehrer und Schüler verboten. Die Schule hat sich aber zur Aufgabe gemacht, in diesen beiden Jahren die oben genannten Themen intensiv zu bearbeiten und Medienkompetenz und Medienmündigkeit mit den Schülern zu erarbeiten. Anschließend konnte auch via Internet recherchiert und kommuniziert werden, wobei für die Smartphonenutzung in der Schule klare Regeln galten.

Äußert man sich kritisch zu frühen Mediennutzung in Bezug auf die kindliche Entwicklung wird immer wieder eingewandt, als nicht digital nativ (in der digitalen Welt aufgewachsen) habe man die üblichen Generationsbedenken. Der 1994 als digital native geborene Philipp Riederle bringt die digitale Technik als Unternehmensberater DAX-Unternehmen näher und entschärft viele Bedenken. Auch er schreibt: »Schickt uns bitte, bevor ihr uns das erste Mal auf Videospiele, Fernsehen, Internet oder überhaupt Bildschirme loslasst, regelmäßig zum Räuber- und Gendarmspielen in den Wald. Oder zum Schneemannbauen. Oder zum Fußball oder Ballett. Denn erst, wenn die wichtigen kindlichen Lern-, Sinnes- und Lebenserfahrungen gemacht worden sind, und erst, wenn sich die Abstraktionsleistung zur Unterscheidung von Wirklichkeit und Fiktion entwickelt hat, können Videospiele ein schadenfreies Unterhaltungsmedium sein – ein Unterhaltungsmedium und nicht mehr, wohl gemerkt... Nur wer weiß, was er in der realen Welt verpasst und so zwar den speziellen Spaßfaktor von Computerspielen schätzen kann, aber trotzdem die reale Erfahrung vorziehen würde, kann als medienkompetent gelten. Denn Medienkompetenz setzt nach meinem Verständnis die Fähigkeit voraus, einschätzen zu können, wann die Beschäftigung mit Medien sinnvoll ist und wann sie sich verbietet – z.B. wenn die Nachbar Jungs klingeln und mit einem eine Runde kicken gehen wollen« (Riederle 2013, S. 227).

Derartige Grunderfahrungen ermöglichen im späteren Leben einen selbstbestimmten Umgang mit den sich ständig verändernden digitalen Medien und sind die beste Prävention für eine Suchtentwicklung. Das Beste für den Menschen ist und bleibt der Mensch.

3 Resilienz – Risiken und Chancen in der kindlichen Entwicklung: Suchtprävention durch frühe Bindung

Als Arzt und Psychotherapeut beschäftig man sich mit Krankheit und seelischen Fehlentwicklungen. Bevor die Jugendlichen in den Interviews selbst zu Wort kommen, soll das Augenmerk noch darauf gelenkt werden, was Kinder und Jugendliche für eine gesunde seelische Entwicklung an Unterstützung und Rahmenbedingungen benötigen. Dies wirkt suchtvorbeugend und fördert die Entwicklung selbstbestimmter, freier und verantwortungsvoller Menschen.

Versetzen Sie sich zurück in Ihre Kindheit und vergegenwärtigen Sie sich eine Person, die Ihnen wichtig war, die an Sie geglaubt hat, von der Sie sich geliebt und angenommen fühlten, und die Ihnen Vertrauen und Unterstützung geschenkt hat Ihre Fähigkeiten zu entwickeln und letztlich zu dem zu werden, was Sie heute sind. Oft sind diese Personen die Eltern oder nahe Verwandte, es können aber auch Menschen aus dem weiteren Bekanntenkreis oder Lehrer sein. Derartige Grunderfahrungen sind wichtig für die Entwicklung von Resilienz.

3.1 Fallbeispiele

Der 14-jährige Thomas wächst bei seinen Großeltern auf. Die Mutter ist psychisch krank und mit der Erziehung überfordert. Der Vater war eine liebevolle, zugewandte, Halt und Sicherheit gebende Bezugsperson, ist aber im 4. Lebensjahr von Thomas bei einem Verkehrsunfall ums Leben gekommen. Thomas besucht ein Gymnasium, hat viele Hobbys und Freunde. Er ist ein aktiver, lebensbejahender junger Mann.

Sarah ist 14 Jahre alt und lebt seit ihrem 4. Lebensjahr im Heim. Beide Eltern sind drogenabhängig und sie war und ist ein ungewünschtes Kind. Sarah gilt als sozial schwer führbar, hat häufige Schul- und Heimwechsel hinter sich, sie lernte die »falschen Freunde« kennen und hat früh mit dem Alkohol- und Cannabiskonsum begonnen. Sarah hat wenig Perspektive, findet im Drogenkonsum Trost und kann vergessen und abschalten.

3.2 Was ist Resilienz?

Brooks und Goldstein geben eine sehr umfassende Definition von Resilienz:

> »Resilienz umfasst die Fähigkeit eines Kindes, mit Druck und Belastung fertig zu werden, die tägliche Herausforderung zu bewältigen, sich angesichts von Enttäuschungen oder unerfreulichen und traumatischen Erfahrungen rasch wieder zu fangen, klare realistische Zielvorstellungen zu entwickeln, Probleme zu lösen, gut mit Mitmenschen zurechtzukommen, sich selbst und anderen mit Respekt zu begegnen« (Brooks & Goldstein 2017, S. 21).

In der Physik meint Resilienz wieder in die ursprüngliche Form zurückzukehren, wenn ein Ball z. B. gegen eine Wand fliegt, wird er zusammengedrückt und nimmt anschließend wieder seine ursprüngliche Form an. Es leitet sich vom lateinische Wort *resilire* = zurückspringen ab.

In der Psychologie bedeutet Resilienz psychische Widerstandskraft. Nicht alle Menschen, die unter ungünstigen Bedingungen aufwachsen nehmen Schaden. Etwa jeder Dritte verfügt über so viel Widerstandskraft, dass er belastende Ereignisse und ungünstige Rahmenbedingungen durchlebt, ohne Schaden zu nehmen.

3.3 Emmy Werner

Wer sich mit dem Thema Resilienz beschäftigt, wird auf den Namen der amerikanischen Entwicklungspsychologin Emmy Werner stoßen. Werner (Werner & Smith 2001) hat im Jahr 1955 Kinder (N = 698) in eine prospektive Geburtskohortenstudie aufgenommen, die auf der Hawaiianischen Insel Kauai geboren wurden, und diese über einen Zeitraum von über 40 Jahren untersucht. Die Studie zeigte, dass sich Kinder, die biologischen, medizinischen oder sozialen Risikofaktoren ausgesetzt waren, wie Komplikationen bei der Geburt, Armut, psychische Erkrankungen oder Alkoholismus der Eltern (bei etwa 30 %

der Teilnehmer [N = 210] zu finden), im Durchschnitt schlechter entwickeln als Kinder, die keinen Risikofaktoren ausgesetzt waren. Diese Kinder sind zum Beispiel psychisch und körperlich weniger gesund, häufiger delinquent und später beruflich weniger erfolgreich. Das meistbeachtete Ergebnis von Werners Studie jedoch war, dass es auch Kinder gab, die sich trotz zahlreicher Risikofaktoren positiv entwickelten. Das traf auf ca. ein Drittel dieser Kinder zu (N = 60). Diese Kinder bezeichnete Werner als resilient. Bei diesen Kindern fand sich trotz widriger Umstände wenigstens eine Person, die das Kind liebte, es so annahm, wie es war und an das Kind und seine Möglichkeiten glaubte. Oft waren es Eltern oder Verwandte, es konnten aber auch Menschen außerhalb der Familie sein. Diese Person vermittelte dem Kind Vertrauen in die eigenen Fähigkeiten und ermutigte es zu Selbständigkeit und Eigeninitiative.

Je besser und verlässlicher die Bindungs- und Beziehungserfahrungen in der Kleinkindzeit, Kindheit und im Jugendalter waren, desto kompetenter waren diese Kinder und Jugendlichen. Auch die Ausprägung erblicher Merkmale war oft in erheblichem Umfang von Lebenserfahrungen wie dem spezifischen Elternverhalten abhängig.

Resilienz ist nicht angeboren, ist situationsspezifisch, ein dynamischer Anpassungs- und Entwicklungsprozess und mit Lernerfahrungen verbunden. Die Entwicklung von Resilienz zu fördern, auch im Sinne von Lebenskompetenz, ist ein zentrales Moment von Erziehung, denn resiliente Kinder sind meist auch emotional gesunde Kinder.

Das chinesische Zeichen für Krise setzt sich zusammen aus den beiden Zeichen Gefahr und Chance und kann als gefährliche Chance übersetzt werden. So kommen und gehen die Herausforderungen des Lebens, der Eine reift und wächst an ihnen, für den Anderen sind sie eine Überforderung.

3.4 Risiken und Herausforderungen in der heutigen Zeit

Aus Sicht eines Kinder- und Jugendpsychiaters sollen einige Risiken und Herausforderungen beschrieben werden, mit denen Kinder sich heute auseinandersetzen müssen, ohne den Anspruch auf Vollständigkeit.

Trennung und Scheidung

130 bis 150 Tausend Minderjährige sind jedes Jahr in Deutschland von einer Scheidung der Eltern betroffen. Gut 15 % sind Einzelelternhaushalte, zum größten Teil alleinerziehende Mütter. Neben den Eltern sind in der Vor- und Grundschulzeit vor allem Frauen die Bezugspersonen von Kindern. Man kann auch von einem strukturellen Vaterdefizit oder einem Mangel an real erlebter »Männlichkeit« im Sinne väterlicher Identifikationsfiguren in unserer Gesellschaft sprechen. Männlich attribuierte Vorbilder finden sich dagegen verstärkt im Film und in Computerspielen.

Frühkindliche Fremdbetreuung

Seit 2013 besteht ein Rechtsanspruch auf einen Betreuungsplatz für über 1-jährige Kinder. Gut 30 % der unter 3-jährigen Kinder werden in Krippen betreut, mit großen regionalen Unterschieden. Bei der öffentlichen Diskussion finden Längsschnittuntersuchungen aus Ländern, in denen die frühkindliche Fremdbetreuung schon länger etabliert ist, kaum Berücksichtigung. Die wichtigsten Ergebnisse der amerikanischen Kohortenstudie Study of Early Care and Youth Development des National Institut of Child Health and Development sollen hier zusammengefasst werden. Die 1991 begonnene Studie liefert die umfassendsten Daten zu kognitiver und sozioemotionaler Entwicklung bei Tagesbetreuung. Ca. 1.300 Kinder, überwiegend aus weißen Mittelschichtfamilien, wurden im Alter von 1 Monat in die Studie aufgenommen. Über einen Zeitraum von 15 Jahren wurden die kognitive Entwicklung und das Verhalten der Kinder gemessen.

Kindergartenbetreuung (über 3 Jahre) hatte einen positiven Effekt auf die kognitive Entwicklung, allerdings nur bei guter Betreuungsqualität, die nur selten gewährleistet war. Am wichtigsten für die kognitive Entwicklung waren die Eltern. Der erhoffte positive Effekt einer frühen Gruppenbetreuung auf die sozialen Fähigkeiten konnte nicht bestätigt werden. Je früher und länger die unter 3-jährigen (Krippenbetreuung) in der Gruppenfremdbetreuung waren, desto auffälliger war das Sozialverhalten bei den Jugendlichen, unabhängig von der Betreuungsqualität. Dies fand sich auch bei hoher Betreuungsqualität.

In Bezug auf die körperliche Gesundheit fand man ein deutlich verändertes Cortisol Profil (Cortisol wird auch als Stresshormon bezeichnet). Bei Ganztagesbetreuung kam es am Abend häufiger zu einem Anstieg, statt zum physiologischen Abfall, je jünger die Kinder desto stärker ausgeprägter der abendliche Anstieg. Im späteren Kindesalter fanden sich häufiger Erkrankungen wie chronische Kopfschmerzen, Neurodermitis, Adipositas und eine größere Infektanfälligkeit.

Der Einfluss der Eltern auf die Entwicklung ihrer Kinder war deutlich ausgeprägter als der von Betreuungseinrichtungen. Deshalb fordern die Autoren, die Eltern in ihrer Kompetenz zu stärken, die Zeit der Tagesbetreuung bei den 0–3-jährigen Kindern möglichst kurz zu halten und für die Qualität der Krippenbetreuung höchste Standards anzulegen. Fachgesellschaften fordern für die Betreuung der unter 2-Jährigen eine 2-zu-1-Betreuung und eine Kontinuität in der Versorgung der einzelnen Kinder. Nicht ökonomische Interessen, sondern die Entwicklung und Gesundheit der Kinder sollte handlungsweisend sein (Vandell et al. 2010; Böhm 2018).

Kinderarmut

Jedes fünfte Kind in Deutschland ist von Armut bedroht, häufiger bei einem alleinerziehenden Elternteil. Trotz Schulpflicht und Sozialsystem haben diese Kinder oft weniger Zeit für Schule und Bildung, da sie in häusliche Arbeiten, das Aufpassen auf kleinere Geschwister und Anderes eingebunden sind. Zugang zu weiterführenden Bildungsangeboten, wie Musikunterricht und Freizeitangeboten, ist ihnen aus Kostengründen oft verwehrt.

Frühe Einschulung

In den letzten Jahrzenten ist das Einschulungsalter gesenkt worden. In einzelnen Bundesländern werden Kinder je nach Geburts- und Stichtag bereits mit fünf Jahren eingeschult. Parallel wurde die Schulzeit bis zum Erlangen des Abiturs von 13 auf 12 Schuljahre verkürzt. (Dies wurde inzwischen wieder zurückgenommen.) Durch Pisa und andere Vergleichsstudien wächst der Leistungs- und Erwartungsdruck auf die Schüler. Schulische Bildung wird reduziert auf reproduzierbares und prüfbares Wissen. Immer häufiger verlassen Jugendliche mit 17 Jahren die Schule. Dies bedeutet eine Verkürzung der Kindheit und vor allem bei den Kleinen, der Zeit für freies kindliches Spiel ohne Normierung und Leistungsdruck, einem der wesentlichsten Elemente in der kindlichen Entwicklung. Verfolgt man die öffentliche Diskussion, so entsteht der Eindruck, dass bei vielen Entscheidungen nicht die kindliche Entwicklung und Gesundheit handlungsweisend sind, sondern ökonomische Interessen.

3.5 Interessante Untersuchungen und Persönlichkeiten

Im Folgenden werden einige für das Thema interessante Untersuchungen und drei Persönlichkeiten vorgestellt, ohne Anspruch auf Vollständigkeit.

Harvard Study

In ihrem Buch »The good life« stellen Waldinger und Schulz (2023) die Erkenntnisse aus der weltweit längsten Studie über ein erfülltes Leben und wie dieses gelingen kann vor. Die Teilnehmer, 268 Harvard-Studenten und 456 Jungs aus benachteiligten Vierteln von Boston, werden seit über 85 Jahren begleitet. Ihre Frauen und Kinder wurden in die Studie mit aufgenommen und die Datenerhebung und Auswertung läuft weiter.

Das Kernergebnis ist die Bedeutung stabiler emotionaler Beziehungen wie Partnerschaft, Familie und Freundschaft für ein erfülltes und glückliches Leben und für die körperliche, seelische und geistige Gesundheit. Freundschaften und Beziehungen können auch später im Leben entwickelt und gepflegt werden. Auch Arbeitsbeziehungen stabilisieren. Freundschaft schützte im Krieg vor Entwicklung von PTBS.

Die Universitätsabgänger hatten ein deutlich höheres Einkommen und lebten im Schnitt 9,1 Jahre länger.

Diejenigen Menschen, die im Alter von 50 Jahren am zufriedensten in ihren Beziehungen waren, waren mit 80 Jahren die geistig und körperlich stabilsten Menschen. Nicht der Cholesterinspiegel oder Übergewicht waren entscheidend für körperliche Gesundheit, sondern erfüllende Beziehungen.

Sozialkontakte steigern die Überlebenswahrscheinlichkeit um 50 % (negativ vergleichbar mit dem Effekt von Rauchen oder Krebserkrankungen), so die Ergebnisse einer Metastudie mit 148 Studien aus aller Welt mit über 300.000 Teilnehmern.

Chronische Einsamkeit erhöht das Sterberisiko um 26 %. Für ältere Menschen ist Einsamkeit doppelt so ungesund wie Übergewicht. In Großbritannien wurde auf diese Entwicklung mit der Etablierung eines Einsamkeitsministeriums reagiert.

Die Long-Life-Formel

Die Grundlage dieser Untersuchung (Friedmann & Martin 2012) waren die ca. 1910 geborenen 1.528 Teilnehmer der von Lewis Terman 1921 begonnenen und nach ihm benannten Studie. Alle in Kalifornien in die Studie aufgenommenen Kinder (ca. 10 Jahre alt) sind durch Hochbegabung aufgefallen. Sie wurden in 12-jährigen Intervallen untersucht. 1956 ist Terman verstorben, die Studie wurde von seinen Schülern fortgeführt. Friedmann und Martin haben die Lebensdaten der Teilnehmer in über 20-jähriger Arbeit ausgewertet, nachdem Sterbeurkunde und Todesursache von allen bekannt waren. Die Fragebögen von damals wurden mit heutigen Methoden überprüft und mit aktuellen Kollektiven verglichen, um die Daten zu aktualisieren. Die Lebensdauer wurde als ein Maßstab für Gesundheit (durchschnittliche Lebenserwartung) genommen. Im Folgenden sollen einige für das Thema Resilienz interessanten Ergebnisse vorgestellt werden.

Untersucht wurde u. a., welche Eigenschaften sich bereits im Kindesalter bei denjenigen Teilnehmern fanden, die ein langes, gesundes und oft erfolgreiches Leben geführt haben:

- Disziplin im positiven Sinne von sich strukturieren und etwas durchhalten können, Willenskraft und sich nicht unkontrolliert seinen Gefühlen hinzugeben
- Gewissenhaftigkeit
- Stabile und gute Beziehungen sowohl in der Kindheit als auch im späteren Leben
- Harte Arbeit in einem erfolgreichen und sinnerfüllten Leben
- Für andere Menschen da sein
- Die Autoren beschreiben Resilienz bei den Teilnehmern nicht als angeboren, sondern als Prozess von Beharrlichkeit und harter Arbeit und als ein komplexes Muster von Ausdauer, Klugheit und engem Kontakt zu Freunden, was ein sinnerfülltes und interessantes Leben begünstigt und es erleichtert, in schwierigen Lebenssituationen schneller auf gesunde Strukturen zurückzugreifen

Die Hoffnung stirbt zuletzt

In den 50er Jahren des letzten Jahrhunderts machte der amerikanische Psychologe und Verhaltensforscher Curt Richter (1957) ein aufschlussreiches Experiment. Er setzte Ratten in ein mit Wasser gefülltes Gefäß, aus dem es kein Entrinnen gab. Die meisten Ratten gaben nach wenigen Minuten auf und ertranken. In einem zweiten Versuch wurden die Ratten kurz vor dem Ertrinken von den Versuchsleitern »gerettet«, abgetrocknet und durften für einige Minuten verschnaufen, um anschließend wieder in das Wassergefäß gesetzt zu werden. Doch diesmal hielten die Ratten mit dieser Erfahrung des »Gerettet-Werdens« für 30 Stunden bis zu einigen Tagen durch. Die Hoffnung erneut gerettet zu werden und einen »Grund« oder »Sinn« für das Durchhalten zu haben, schien wesentlich zu sein.

Rosenthal-Effekt

1965 ermittelte der amerikanische Psychologe Robert Rosenthal (Rosenthal & Jacobsen 1966) in einer Grundschule mittels Testuntersuchungen bei 20 % der Schüler große Potentiale und einen bevorstehenden Entwicklungsschub. Dies wurde den Lehrern mitgeteilt. Nach einem Jahr hatten diese Schüler tatsächlich einen messbaren IQ-Vorsprung. Was die Lehrer nicht wussten, dass die 20 % Schüler willkürlich ausgewählt waren und offenbar allein die Erwartungshaltung der Lehrer gegenüber den Schülern eine positive Entwicklung im Vergleich zu den Klassenkameraden begünstigte.

Aaron Antonovsky (1923–1994)

Der amerikanisch-israelische Soziologe Antonovsky (1997) untersuchte nach dem zweiten Weltkrieg eine Gruppe von Frauen in Israel, welche die Schrecken eines Konzentrationslagers überlebt hatten. Unerwartet fand sich eine Gruppe, die trotz des Erlebten mental gesund war. Antonovsky widmete sich der Frage, was den Menschen gesund erhält und entwickelte das Konzept der Salutogenese, wonach der Mensch sich auf einem Kontinuum zwischen Gesundheit und Krankheit bewege. Der Begriff des Kohärenzgefühls beschreibt die Fähigkeit eines Menschen in kritischen Situationen auf seine Ressourcen zurückgreifen zu können und besteht aus den drei Bereichen, Verstehbarkeit, Handhabbarkeit und Sinnhaftigkeit, wobei Antonovsky Letzterem die größte Bedeutung beimaß.

Viktor Frankl (1905–1997)

Frankl war ein österreichischer Neurologe und Psychiater und Begründer der Logotherapie. In seinem Buch »...trotzdem Ja zum Leben sagen, ein Psychologe erlebt das Konzentrationslager« beschreibt Frankl, dass der Mensch auch im Konzentrationslager die geistige Freiheit besitze, sein Leben sinnvoll zu gestalten. »Die geistige Freiheit des Menschen, die man bis zum letzten Atemzug nicht nehmen kann, lässt ihn auch noch bis zum letzten Atemzug Gelegenheit finden, sein Leben sinnvoll zu gestalten [...]. Denn uns ging es längst nicht mehr um die Frage nach dem Sinn des Lebens, wie sie oft in Naivität gestellt wird und nichts weiter meint als Verwirklichung irgendeines Zieles dadurch, dass wir schaffend etwas hervorbringen. Uns ging es um den Sinn des Lebens als jener Totalität, die auch noch den Tod mit einbegreift und so nicht nur Sinn von ›Leben‹ gewährleistet, sondern auch den Sinn von Leiden und Sterben: um diesen Sinn haben wir gerungen!« (Frankl 1997, S. 109).

John Bowlby (1907–1990)

Bowlby (2016) war ein englischer Kinderpsychiater und Psychoanalytiker und gemeinsam mit Mary Ainsworth ein Pionier der Bindungsforschung und Bindungstheorie. Bindung ist schon beim Säugling eine grundlegende Lebensmotivation. Der Säugling ist von Anfang an auf Interaktion mit den primären Bezugspersonen ausgerichtet, wobei die Beziehung wechselseitig ist. Feinfühligkeit und Empathie der Bezugspersonen sind wichtig für die Entwicklung einer sicheren Bindung. Die Qualität der frühen Beziehungserfahrungen ist ein wesentlich unterstützendes Element in der Entwicklung von Resilienz. Die menschliche Entwicklung pendelt je nach Entwicklungsalter zwischen den Polen Bindung und Autonomie.

3.6   Wie kann Resilienz gefördert werden

Zum Abschluss wird auf Aspekte eingegangen, die wesentlich für die Förderung und Entwicklung von Resilienz sind.

Die Bedeutung einer wertschätzenden Person

Auf die Bedeutung einer liebenden und wertschätzenden Person für die Entwicklung des Kindes wurde im Zusammenhang mit der Kauai-Studie bereits hingewiesen. Wenn Kinder sich geliebt erleben, entwickeln sie ein Gefühl ihres eigenen Wertes, ein wesentlicher Eckpfeiler einer resilienten Welt- und Lebensorientierung. In einer liebevollen und wertschätzenden Atmosphäre hören Kinder besser zu, lernen eher von anderen, sind empathischer, akzeptieren eher Grenzen und übernehmen mehr Verantwortung. Das emotionale Konto sollte im Plus sein. Unser Schulsystem ist defizitorientiert und normiert. Den Fokus auf das Positive, auf die Fähigkeiten des Kindes zu richten, gemeinsam mit dem Kind auf Schatzsuche zu gehen, ist motivierender und anregender als vorgehalten zu bekommen, was ich nicht kann und gegebenenfalls ausgemustert zu werden.

Empathie

Die Welt aus Sicht des Kindes sehen und verstehen lernen. Stellen Sie sich vor, Sie wären Ihr Kind und würden Ihr Verhalten gegenüber Ihrem Kind beschreiben. Fragen Sie Ihre Kinder, wie Sie von diesen erlebt werden, Kinder sind gute Beobachter. Wie würden unsere Kinder uns beschreiben und was für ein Bild wünschen wir uns? Empathie ist eine wichtige Voraussetzung für eine gute Beziehung zu unseren Kindern und gibt ihnen die Gewissheit, dass wir sie hören und sehen und ist Grundlage guter Kommunikation.

Wirksam Kommunizieren

Wirksame Kommunikation ist eine wesentliche Grundlage für den Erwerb von Lebenstüchtigkeit und Resilienz. Die folgenden Aspekte können helfen diese bei den Kindern zu fördern: Spreche ich mit meinem Kind in einer Atmosphäre der Wertschätzung? Weiß mein Kind oder die mir anvertrauten Kinder, dass sie mir wichtig sind? Aktives Zuhören, die Sicht des Kindes verstehen und dies dem Kind zurückmelden. Weiß ich welches mein Anliegen ist? Feste Familienzeiten für Austausch, dies können gemeinsame Mahlzeiten oder bei kleinen Kindern das tägliche ins Bettbring Ritual und das Vorlesen sein. Schwierigkeiten ansprechen, ehe sie zu scheinbar unlösbaren Problemen werden. Zu eigenen Fehlern stehen, nicht alles entschuldigen. Humor kann helfen festgefahrene Situationen zu entschärfen. Seelische Flexibilität leben und dem Kind die Möglichkeit geben, am Modell zu lernen.

Kinder annehmen, wie sie sind

Jedes Kind ist ein einmaliges Wesen. Es ist eine herausfordernde Aufgabe für Eltern, das angeborene und einmalige Temperament eines Kindes anzunehmen und zu akzeptieren. Ziele und Erwartungen mit den Besonderheiten des einzelnen Kindes in Einklang zu bringen, fördert Resilienz. Schule normiert und bewertet den Durchschnitt, nicht die Individualität. Kinder um ihrer selbst willen zu lieben und nicht damit diese unsere eigenen Bedürfnisse, Vorstellungen und Erwartungen erfüllen, ist eine tägliche Herausforderung.

Kompetenz und Selbstwirksamkeit fördern

Auf Schatzsuche nach den Kompetenzinseln der Kinder gehen. Aktivitäten fördern und unterstützen, welche die Kinder gerne ausführen, bei denen sie positive Rückmeldung bekommen, die sie als persönliche Stärke wahrnehmen und deren Erfolg sie sich selbst zuschreiben. Denn Erfolg ermutigt zu mehr Erfolg. Realistische und erreichbare Ziele gemeinsam mit den Kindern entwickeln.

Problemlösung und Entscheidungskompetenz

Kinder darin unterstützen in schwierigen Situationen über Lösungsstrategien nachzudenken und diese umzusetzen. Das eigene Leben und Schicksal gestalten und weitestgehend selbst bestimmen zu können, ist für viele Menschen bedeutsam. Dazu gehört auch das Erlernen von Selbstkontrolle und Disziplin.

Disziplin und Selbstkontrolle

Disziplin und Selbstkontrolle im positiven Sinne (an einer Sache dranbleiben, sich nicht ablenken lassen) sind Säulen der emotionalen Intelligenz und Gewähr für ein gelungenes Leben und befriedigende interpersonelle Beziehungen. Eltern können einen sicheren, verlässlichen Rahmen bieten, in dem Kinder lernen, dass Regeln und Konsequenzen aus bestimmten Gründen existieren und nicht willkürlich sind. Kinder können hier lernen, ihre Handlungen zu reflektieren und die Konsequenzen im Voraus zu bedenken. Ermutigung und positive Rückmeldung sind die wirksamsten Instrumente in der Erziehung zu Disziplin und Selbstkontrolle, nicht Bestrafen und Abwerten.

Verantwortungsübernahme und soziales Empfinden

Schon Kleinkinder helfen oft intuitiv anderen Menschen. Der angeborene Wunsch zu helfen kann in Verantwortungsübernahme und soziales Empfinden umgewandelt werden, indem man Kindern Gelegenheit bietet, anderen zu helfen und sie in die alltäglichen Aufgaben miteinbezieht.

Fehler als Entwicklungschance

Die Furcht vor Fehlern ist ein großes Lernhindernis und mit einer resilienten Lebensorientierung nicht vereinbar. Sehe ich das halb volle oder halb leere

Glas? Fehler gehören zum Leben dazu und sind mit Humor leichter zu nehmen. Fehlermachen ist keine grundsätzliche Infragestellung der eigenen Person. Man kann an Fehlern lernen und sich entwickeln. Wichtigste Vorbilder im Umgang mit Fehlern sind die Erwachsenen. Realistische und selbstkritische Erwartungen zu entwickeln ist hierbei hilfreich.

Negatives Lebensskript ändern

Wir alle sind die Autoren unseres Lebens. Oft verhalten wir uns aber wie Schauspieler, die eine Rolle spielen. Wir können unsere Kinder, Partner und Eltern nicht verändern. Wenn wir aber den Mut und die Bereitschaft entwickeln, realistische Erwartungen zu formulieren und eine Atmosphäre der Wertschätzung zu schaffen und uns fragen, wodurch wir eine problematische Situation aufrechterhalten, können wir einen Rahmen schaffen, in dem Kinder sich entwickeln können und sie leiten und lehren. Das Erstellen neuer Skripte beginnt mit der Suche nach möglichen Wegen, die später zu positiven Lösungen werden können. Die Konzentration auf das, was wir wirklich ändern können, ist hilfreich.

Gute Zusammenarbeit zwischen Elternhaus und Schule

Eltern und Schule sollten nicht gegeneinander arbeiten, sondern gemeinsam das Kind fördern und sich auf dessen Stärken besinnen. Das Elternhaus ist für die Schulleistung entscheidend.

3.7 Fallbeispiele

Kehren wir zum Abschluss noch einmal zu den beiden Fallbeispielen zurück.

> Thomas hatte in den ersten Lebensjahren eine stabile und haltgebende Bindungs- und Beziehungserfahrung und später liebevolle Begleitung durch seine Großeltern. Ihm war es möglich sein Leben trotz Schicksalsschlägen selbst zu meistern und erfolgreich zu gestalten.

> Sarah hatte in den ersten Lebensjahren keinen der an sie glaubte, sie uneingeschränkt liebte und ihr Sicherheit und Geborgenheit gegeben hat. In

der Pubertät hat sie Trost und vermeintliche Anerkennung bei Drogen und ihren »Freunden« im Drogenmilieu gefunden.

Kinder brauchen vor allem in den ersten Jahren Wurzeln in Form von Liebe, uneingeschränkter Annahme, Fürsorge und Sicherheit. Gesättigt mit derartigen Erfahrungen können Sie später ihr Leben selbst in die Hand nehmen und sich als freie, selbständige Menschen konstruktiv in die Gemeinschaft einbringen.

Literatur

Quellenverzeichnis

Aiken M (2018) Der Cyber-Effekt: Wie das Internet unser Denken, Fühlen und Handeln verändert. Berlin: Fischer.

Albaugh M, Ottino-Gonzales J, Sidwall A, et al. (2021) Association of Cannabis use during adolescence with neurodevelopment. JAMA Psychiatry 78 (9) 1031–1040.

American Psychiatric Association (2013) Diagnostic and Statistical Manual of Mental Disorders: DSM-5™. Fifth Edition. Arlington, VA: American Psychiatric Publishing.

American Psychiatric Association (2018) Diagnostisches und Statistisches Manual Psychischer Störungen DSM-5®. Deutsche Ausgabe herausgegeben von Falkai P, Wittchen H-U, mitherausgegeben von Döpfner M et al. 2., korrigierte Auflage. Göttingen: Hogrefe.

Antonovsky A (1997) Salutogenese: Zur Entmystifizierung der Gesundheit. Tübingen: dgvt-Verlag.

Arias J, Coelho P (2007) Bekenntnisse eines Suchenden. Juan Arias im Gespräch mit Paulo Coelho. Zürich: Diogenes.

BLIKK-Medien (2017) Kinder und Jugendliche im Umgang mit elektronischen Medien. (https://www.bundesgesundheitsministerium.de/fileadmin/Dateien/5_Publikationen/Praevention/Berichte/Abschlussbericht_BLIKK_Medien.pdf, Zugriff am 09.04.2019).

Böhm R (2018) Gruppenbetreuung in den ersten 3 Lebensjahren führt zu chronischer Stressbelastung mit Folgen. Kinderärztliche Praxis 89 (6): 418–22.

Bowlby J (2016) Frühe Bindung und kindliche Entwicklung. München: Ernst Reinhardt Verlag.

Brooks R, Goldstein S (2017) Das Resilienz-Buch: Wie Eltern ihre Kinder fürs Leben stärken. Stuttgart: Klett-Cotta.

Crawford M (2016) Die Wiedergewinnung der Wirklichkeit. Berlin: Ullstein.

Dailymail UK (2014) How often do you look at your Phone? (http://www.dailymail.co.uk/sciencetech/article-2783677/How-YOU-look-phone-The-average-user-picks-device-1-500-times-day.html, Zugriff am 03.08.2018).

Die Bundesregierung (2016) Digitalpakt für Schulen. (https://www.bundesregierung.de/breg-de/aktuelles/einmaleins-und-abc-nur-noch-mit-pc-407134, Zugriff am 09.04.2019).

Dreher J (2021) Psychopharmakotherapie griffbereit: Medikamente, psychoaktive Genussmittel und Drogen – griffbereit. Stuttgart: Schattauer.

Feliti V (2003) Ursprünge des Suchtverhaltens: Evidenzen aus einer Studie zu belastenden Kindheitserfahrungen. Prax. Kinderpsychol. KInderpsychiat. 52: 547–559.

Frankl V (1997) ... trotzdem Ja zum Leben sagen: Ein Psychologe erlebt das Konzentrationslager. München: dtv Verlag.

Friedmann H, Martin L (2012) Die Long-Life-Formel: Die wahren Gründe für ein langes und glückliches Leben. Weinheim: Beltz.

Hancox R, Milne B, Poulton R (2004) Association between child and adolescent televison viewing and adult health: a longitudinal birth study. The Lancet 364: 257–263.

Hattie J (2023) Hatti für gestresste Lehrer 2.0: Kernbotschaften aus »Visible Learning« mit 2100 Meta-Analysen. Wedel: Schneider.

Hines L, Jones H, Hickman M et al. (2023) Adverse childhood and adolescent cannabis use trajectors: finding from a longitudinal UK birth cohort. Open access (https://www.thelancet.com/journals/lanpub/article/PIIS2468-2667(23)00095-6/fulltext, Zugriff am 24.11.2023).

Lankau R (2022) Kein Mensch lernt digital. Weinheim: Beltz.

Mattel (2016) Musikspaß Smartphone. (https://www.thalia.de/shop/home/artikeldetails/ID46176550.html, Zugriff am 09.04.2019).

Omer H, von Schlippe A (2023) Autorität durch Beziehung. Gewaltloser Widerstand in Beratung, Therapie, Erziehung und Gemeinde. Göttingen: Vandenhoeck & Ruprecht.

Pfeiffer R (2015) Hochprozentiges für Kinder, Jugendliche und Erwachsene – Warum Online-Rollenspiele und Free-to-play-Spiele abhängig machen können. In: Möller C (Hrsg.) Internet- und Computersucht. Ein Praxishandbuch für Therapeuten, Pädagogen und Eltern. 2. aktualisierte und erweiterte Aufl. Stuttgart, Kohlhammer. S. 145–172.

Poulain T, Vogel M, Neef M, Abicht F, Hilbert A, Genuneit J, Körner A, Kiess W (2018) Reciprocal Associations between Electronic Media Use and Behavioral Difficulties in Preschoolers. Int. J. Environ. Res. Public Health 15(4): 814.

Richter C (1957) On the phenomenon of sudden death in animals and man. Psychosom. Med. 19: 191–8.

Riederle P (2013) Wer wir sind, und was wir wollen: Ein Digital Native erklärt seine Generation. Kanuer: Berlin.

Rosenthal R, Jacobson L (1966) Teachers' Expectancies: Determinants Of Pupils' IQ Gains. Psychological Reports 19: 115–118.

Saint-Exupéry A de (1962) Die Stadt in der Wüste. Citadelle. (Oswalt von Nostitz, Deutsche Übersetzung 1956). Ullmer: Frankfurt/Main. (Originalversion erschienen 1948).

Sanrio (2012) Hello Kitty Erster Laptop (http://www.lerncomputer.de/produkt/vtech-hello-kitty-erster-laptop/, Zugriff am 09.04.2019).

Scherbaum N (2019) Das Drogentaschenbuch. 5., vollständig überarbeitete und erweiterte Aufl. Stuttgart: Thieme.

Spitzer M (2020) Wie wir denken und Lernen: ein faszinierender Einblick in das Gehirn von Erwachsenen. München: mvg Verlag.

Spitzer M (2024) Künstliche Intelligenz: Dem Menschen überlegen – wie KI uns rettet und bedroht. München: Droemer.

Sprenger R (2023) Gehirnwäsche trage ich nicht. Selbstbestimmt Leben und Arbeiten. Frankfurt a.M.: Campus.

Spektrum (2023) Kiffen verantwortlich für jede dritte Psychose bei Männern? (https://www.spektrum.de/news/cannabis-verantwortlich-fuer-jede-dritte-psychose-junger-maenner/2140062, Zugriff am 24.11.2023).

Tosssell C, Kortum P, Shepard Christoph, Rahmati A, Zonge L (2015) You can lead a horse to water but you cannot make him learn: Smartphone use in higher education. British Journal of Educational Technology 46: 713–724.

Twenge J (2023) Generations: The real differences between Gen Z, Millenials, Gen X, Boomers, and Silennts – and what they mean for America's future. New York: Atria Books.

Vandell D, Belsky J, Burchinal M, Steinberg L, Vandergrift N, NICHD Early Child Care Research Network (2010) do effects of early child care extend to age 15 years. Results from the NICHD study of early child care und youth development. Child Dev 81 (3): 737–56.

Waldinger R, Schulz M (2023) The good life ... und wie es gelingen kann. Erkenntnisse aus der weltweit längsten Studie über ein erfülltes Leben. München: Kösel.

Wartberg L, Sack P, Thoms E, Möller C, Stolle M, Thomasius R (2009) Stationäre Kinder- und Jugendpsychiatrie sowie Psychotherapie bei substanzabhängigen Jungen und Mädchen. Ergebnisse einer Katamneseuntersuchung. Psychotherapeut 3: 193–198.

WHO (2018) ICD-11, Version: 04/2019 (https://icd.who.int/browse11/l-m/en#/http%3a%2f%2fid.who.int%2ficd%2fentity%2f718071594, Zugriff am 23.04.2019).

Winterstein P, Jungwirth R (2006) Medienkonsum und Passivrauchen bei Vorschulkindern. Risikofaktoren für die kognitive Entwicklung? Kinder- und Jugendarzt 4: 205–211.

Weiterführende Literatur

Arnaud N, Thomasius R (2019) Substanzmissbrauch und Abhängigkeit bei Kindern und Jugendlichen. Stuttgart: Kohlhammer.

AWMF-Leitlinie zur Prävention dysregulierten Bildschirmgebrauchs in Kindheit und Jugend (2023) (https://register.awmf.org/assets/guidelines/027-075l_S2k_Praevention-dysregulierten-Bildschirmmediengebrauchs-Kinder-Jugendliche_2023-07.pdf, Zugriff am 07.12.2023).

Bleckmann P (2018) Medienmündig: Wie unsere Kinder selbstbestimmt mit dem Bildschirm umgehen lernen. Stuttgart: Klett-Cotta.

Bleckmann P, Leipner I (2018) Heute mal bildschirmfrei: Das Alternativprogramm für ein entspanntes Familienleben. München: Knaur.

Böhm R (2011) Auswirkung frühkindlicher Gruppenbetreuung auf die Entwicklung und Gesundheit von Kindern. Kinderärztliche Praxis 82 (5): 316–21.

Böhme R (2019) Resilienz. Die psychische Widerstandskraft. München: Beck.

BZgA (2019) Drogenaffinitätsstudie. Die Drogenaffinität Jugendlicher in der Bundesrepublik Deutschland 2019. (https://www.bzga.de/fileadmin/user_upload/PDF/studien/Drogenaffinitaet_Jugendlicher_2019_Basisbericht.pdf, Zugriff am 29.03.2024).

Deutsche Hauptstelle für Suchtfragen (DHS) e. V. (2023) Jahrbuch Sucht 23. Lengerich: Pabst Science Publishers. (https://www.dhs.de/unsere-arbeit/dhs-jahrbuch-sucht, Zugriff am 29.03.2024).

Die Drogenbeauftragte der Bundesregierung, Bundesministerium für Gesundheit (Hrsg.) Drogen- und Suchtbericht Fischer F, Möller C (2023) Sucht, Trauma und Bindung bei Kindern und Jugendlichen. Stuttgart: Kohlhammer.

Kalisch R (2020) Der resiliente Mensch: Wie wir Krisen erleben und bewältigen. Neueste Erkenntnisse aus Hirnforschung und Psychologie. Berlin: Berlin-Verlag.

Largo R (2018) Das passende Leben. Frankfurt a. M.: Fischer.

Lemke G, Leipner I (2018) Die Lüge der digitalen Bildung: Warum unsere Kinder das Lernen verlernen. München: Redline.

Möller C, Fischer F (Hrsg.) (2023) Internet- und Computersucht: Ein Praxishandbuch für Therapeuten, Pädagogen und Eltern. 2. aktualisierte und erweiterte Aufl. Kohlhammer: Stuttgart.

Möller C, Glaschke V (2013) Computersucht. Was Eltern tun können. Schöning: Paderborn.

Precht R (2018) Jäger, Hirten, Kritiker. Eine Utopie für eine digitale Gesellschaft. München: Goldmann.

Renz-Polster H (2024) Mit Herz und Klarheit: Wie Erziehung heute gelingt und was eine gute Kindheit ausmacht. München: Pieper.

Schiffer E (2023) Warum Huckleberry Finn nicht süchtig wurde: Anstiftung zu Lebensfreude von Kinder und Jugendlichen im kokreativen Zusammenspiel. Bad Ganderheim: Verlag Gesunde Entwicklung.

Spitzer M (2014) Digitale Demenz: Wie wir uns und unsere Kinder um den Verstand bringen. München: Droemer.

Stachowske R, Möller C (2018) Sucht und Abhängigkeit bei Kindern, Jugendlichen und jungen Erwachsenen. Ein Grundlagenwerk für die therapeutische Praxis. Kröning: Ansanger.

Teil II Interviews – Ehemals Abhängige berichten

4 Die Interviews

Alle Interviewten waren stationäre Patienten der Therapiestation Teen Spirit Island. Es wurden ausschließlich Jugendliche interviewt, die ihre Therapie beendet haben, um den stationären Therapieprozess nicht zu beeinflussen. Die Jugendlichen und bei Minderjährigen ihre Sorgeberechtigten haben der Veröffentlichung der Interviews zugestimmt. Namen, Orte und andere persönliche Angaben wurden zum Schutz der Jugendlichen verändert und anonymisiert.

Vielen der Jugendlichen, die wegen ihrer Drogen- oder Computersucht behandelt wurden, fällt es schwer, sich schriftlich mitzuteilen. Deshalb wurde die Form des Interviews gewählt. Während der längeren stationären Therapie haben die jugendlichen Süchtigen gelernt, sich zu artikulieren und mitzuteilen; zu Beginn der Therapie fiel es Einzelnen noch sehr schwer, ihre Gefühle, Gedanken und Erinnerungen auszudrücken. Vor jedem Gespräch wurde gemeinsam mit dem jeweiligen Jugendlichen überlegt, welche Themen angesprochen werden sollen. Wollte ein Jugendlicher bestimmte Themenbereiche ausklammern, wurde dies berücksichtigt. Der Sprachstil und die Ausdrucksweise der Jugendlichen wurden beibehalten. Im Sinne einer besseren Lesbarkeit wurden größere Abschnitte zusammengefasst und Füllworte weggelassen.

Beim Lesen des Buches werden zahlreiche Fragen auftauchen, von denen viele unbeantwortet bleiben werden.

Ein Anliegen des Buches ist es, dass die Leserin und der Leser sich anregen lässt, über das Thema Drogenabhängigkeit und Computersucht bei Jugendlichen nachzudenken, seine Bilder und Sichtweisen hinterfragt und mit den Lebensgeschichten der Jugendlichen in Kontakt tritt.

Als Anregung können die Leserin und der Leser sich beim Lesen der Interviews folgende Fragen stellen:

- Wie wäre mein Leben verlaufen, wenn ich Vergleichbares erlebt hätte?
- Wenn Vergleichbares erlebt wurde, was hat mir geholfen oder mir ermöglicht, einen anderen Lebensweg zu gehen?
- Was könnte sich stabilisierend und Halt gebend auf die kindliche Entwicklung auswirken?
- Wo erlebe ich bei mir selbst Suchtstrukturen?
- Wo erlebe ich meine persönlichen und moralischen Grenzen?

- Bin ich bereit, meine Sichtweisen in Frage stellen zu lassen?
- Was für ein Umfeld hätte ich mir für meine eigene Kindheit gewünscht?
- Was für ein Umfeld möchte ich meinen eigenen Kindern schaffen?
- Welche Form des Kontakts ist für die Entwicklung von Jugendlichen förderlich und heilsam?
- Wie gehe ich mit dem Medium Internet, den sozialen Netzwerken, mit Computerspielen und dem Smartphone um?
- Und viele weitere Fragen ...

Ich habe nicht gedacht, dass die mir was Schlechtes wollen

Annette, 16 Jahre
(war insgesamt 16 Monate auf Teen Spirit Island)

Dr. Möller: Annette, wie bist du zu den Drogen gekommen?
Annette: Als ich 12 Jahre alt war, sind wir endgültig von meinem Stiefvater weggezogen. Wir sind vorher schon mehrmals von ihm weggezogen, dann aber endgültig. In der Gegend, wo wir hingezogen sind, habe ich neue Freunde kennen gelernt, bei denen ich mich geborgen gefühlt habe. Ich konnte mit ihnen über alles reden, ich hatte das Gefühl, sie hören mir zu und sind bei mir. Ich habe nicht gedacht, dass sie mir etwas Schlechtes wollen. Es war eine Clique, die waren zwischen 16 und 24 Jahre alt. Ich habe mich damals ziemlich alleine gefühlt. Wenn ich bei denen war, war dieses Gefühl weg. Ich habe gleich angefangen Heroin zu nehmen. Wir saßen bei einem Freund im Keller. Die anderen haben plötzlich Schore [Heroin] rausgeholt, auf den Tisch gelegt und alle haben es auf Nase genommen. Als ich bei meinem Freund zu Hause war, hat er gesagt, »probier doch einmal.« Und so habe ich angefangen. Mit 13 Jahren habe ich angefangen zu spritzen. Ich war anfangs immer dagegen. Ich hatte Angst vor Spritzen und habe keinen Arzt an mich herangelassen. Damals hatte ich einen Kumpel, der hat immer auf mich eingeredet und gesagt, »probier das einmal«. Das ist Koks, das wirkt viel besser. Irgendwann war ich breit und dann hat mich mein Freund angefixt und mir einen Druck gemacht [die Droge intravenös gespritzt]. Weil ich vorher schon Heroin hatte, war ich ziemlich breit, habe nichts mehr dagegen gesagt und der Stich hat auch nicht weh getan. Ich habe vor allem Schore und Koks genommen. Das wurde immer

mehr. Später habe ich 5 g Schore am Tag gespritzt und 1 g Koks. Das Koks war so teuer, deshalb konnte ich nur ein Gramm am Tag nehmen.

Dr. Möller: Annette, kannst du die Wirkung der Drogen beschreiben?
Annette: Bei Heroin hatte ich das Gefühl, dass die Droge mir die Wärme gibt, die ich vermisst habe. Deshalb habe ich sie auch weiter genommen. Das ist eine unwahrscheinliche Wärme. Das kommt so über einen und geht dann durch den ganzen Körper. Das ist eine unglaublich schöne Wärme, das kann ich schwer beschreiben. Ich hatte das Gefühl, keine Sorgen mehr zu haben, mich fallen lassen zu können. Alles da draußen war für mich nicht mehr so schlimm. Alle Sorgen, die man hat, gehen damit weg. Bei Koks kann ich das schwer beschreiben, das ist auch Wärme, die einen so überkommt, die durch die Adern und das Blut durch den Körper fließt. Dann stellt sich ein Kribbeln ein im ganzen Körper. Und dann kommt ein richtig großes Glücksgefühl. Das waren alles Gefühle, die ich nicht kannte, deshalb bin ich auch so schnell und regelmäßig auf den Drogen hängen geblieben.

Dr. Möller: Wie hast du dir das Geld für die Drogen beschafft?
Annette: Das war ein längerer Weg. Anfangs habe ich die Drogen von den Freunden bekommen. Später habe ich mein Taschengeld genommen und alles, was in meinem Zimmer war, verkauft. Bis es nichts Wertvolles mehr gab, denn die Dealer waren anspruchsvoll. Später bin ich an das Geld meiner Mutter gegangen. Die hat mir damals noch vertraut und mir ihre Kontokarte gegeben. Ich habe geklaut, Diebstähle begangen. Irgendwann habe ich begonnen anzuschaffen [Prostitution]. Ich habe das nicht auf der Straße gemacht, ich war in Wohnungen und bei Dealern. Anfangs habe ich mich geschämt, aber irgendwann geht das Schamgefühl weg. Das hat mich nicht mehr gestört, dann habe ich das auch häufiger gemacht. Ich habe das einfach über mich ergehen lassen. Später habe ich es gar nicht mehr richtig wahrgenommen. Das ist normal geworden, schlimmerweise. Ich brauchte damals 75 bis 150 Euro am Tag. Wenn ich 400 Euro hatte, waren die auch weg.
Bei mir hat es ziemlich lange gedauert, bis ich eingesehen habe, etwas verändern zu müssen. Anfangs hat die Droge gut gewirkt, ich konnte mir gar nicht vorstellen, irgendwann mal Schmerzen zu haben. Meinen ersten Entzug habe ich durch Zwangseinweisung gemacht, die meine Mutter beantragt hat. Anfangs habe ich das nur auf Druck von außen gemacht. Irgendwann wollte ich nicht mehr mit der Situation leben, wie es meiner Mutter ging, mein Leben draußen auf der Straße. Mir ging es nicht mehr gut, ich hatte keine Freunde mehr, die Drogen haben nicht mehr so gewirkt wie am Anfang. Ich habe mich beschissen gefühlt, von allen verarscht. Ich hatte keinen Bock mehr auf den

Selbstbetrug. Ich war damals auf Methadon [Substitution] und hatte viel Beigebrauch. Mein Arzt hat gesagt, ich müsse eine Entgiftung machen, weil er mich sonst rausschmeißen muss. In der Entgiftung wurde mir empfohlen, zu Teen Spirit Island zu gehen.

Dr. Möller: Annette, wie bist du aufgewachsen?
Annette: Das war keine Bilderbuchkindheit. Meine Mutter war Schaffnerin bei der Bahn. Sie war ständig unterwegs, manchmal auch nachts. Deshalb habe ich meine Mutter fast gar nicht gesehen. Mein leiblicher Vater hat uns bei meiner Geburt im Stich gelassen. Meine Mutter hatte immer viel Stress mit meinem Stiefvater. Mein leiblicher Vater war einmal bei uns, als ich fünf Jahre alt war. Damals saß er auf der Couch. Meine Mutter hat uns gegenüber so getan, als ob es einer wäre, der etwas verkaufen wollte. Als ich zwei Jahre alt war, ist mein Stiefvater mit meiner Mutter zusammengekommen. Mein Stiefvater ist Alkoholiker gewesen, deshalb war es kein schönes Leben. Mein Stiefvater hat nur gesoffen und seinen Frust an mir ausgelassen. Mein Stiefvater hat mich ständig geschlagen. Ich durfte nicht in seine Nähe kommen. Egal was ich gemacht habe, alles hat ihn provoziert. Zu Hause hat mich mein Stiefvater im Zimmer eingesperrt. Wenn er mit mir draußen war, hat er zu all seinen Freunden und Kollegen gesagt, schaut mal her, das ist meine süße kleine Tochter. Draußen hat er so getan, als ob er mich lieben würde und als ob er ein super Vater wäre. Zu Hause wurde ich nicht beachtet, habe von ihm nie ein liebes Wort bekommen. Lieb war er nur, wenn es darum ging, dass ich meinen Mund halten sollte, wenn er meine Mutter belogen hat und gesagt hat, er saufe nicht mehr. Lieb war er, wenn er seinen Alkohol versteckt hat und ich es nicht sagen sollte. Sonst wurde ich nur verdroschen und geschlagen, wie er wollte. Oder er war den ganzen Tag in der Kneipe. Meine Mutter hat er nicht geschlagen. Aber er war eifersüchtig auf mich. Wenn meine Mutter da war, wollte sie auch zu mir kommen, und das wollte er nicht. Meine Mutter hat versucht, sich zwischenzeitlich immer wieder mal zu trennen. Es gab ständig Krach und Geschrei wegen mir. Ich bin dann in meinem Bett wach geworden oder konnte gar nicht erst einschlafen. Ich habe jeden Tag geweint. Mein Stiefvater hat mich vor meiner Mutter beschimpft und gesagt, ich wolle ihn und meine Mutter auseinanderbringen. Ich wusste damals nicht, dass er mein Stiefvater ist. Ich habe ihn damals Papa genannt. Wenn ich meiner Mutter gesagt habe, Papa hat mich wieder gehauen, wurde ich als hinterhältig und lügnerisch beschimpft. So bin ich groß geworden.

Dr. Möller: Annette, was hat dir in der Therapie geholfen?
Annette: Das Wichtigste war, dass ich selber von den Drogen wegwollte. Bei

meinem ersten Aufenthalt konnten sich alle anstrengen und abmühen, ich wollte nicht und bin immer abgehauen. Bei meinem zweiten Aufenthalt hat mir mein Wille geholfen.
Wichtig waren für mich die Menschen und die Betreuer, zu denen ich Vertrauen aufbauen konnte. Die Regeln und die Strenge haben vieles ausgemacht. Denn ohne etwas Geregeltes kann es ja nicht gehen. Der strukturierte Tagesablauf hat mir sehr geholfen. Ich hatte selten Langeweile, im Gegenteil: die Therapiestunden, in denen ich reden und meine Sachen loswerden konnte. In der Gruppe konnte ich zuhören, wie es den anderen geht und was die zu meinen Dingen zu sagen haben. Wir konnten uns in der Gruppe austauschen. Aber auch die Abend- und Morgenrunden waren wichtig. Ich konnte vieles erleben, was ich vorher noch nie gemacht habe, wie zum Beispiel Klettern. Ich habe Anregungen für neue Hobbys bekommen. In der Freizeit haben wir viele Angebote bekommen, wie Klettern, Schwimmen, Turnhalle, am Wochenende einen Ausflug machen, die Kletterfreizeiten im Ith, wo ich am Felsen klettern konnte. Das waren Möglichkeiten für mich, Dinge wieder schön zu finden, auf eine andere Weise Erlebnisse zu haben. Ich habe mich bei den Mitarbeitern geborgen gefühlt. Sie haben sich so um mich bemüht. Wenn ich abends bei den Mitarbeitern in der Türe stand, haben sie mir zugehört oder mich mal in den Arm genommen. Ich konnte hier noch einmal Kind sein und wurde so genommen wie ich bin. Ich konnte hier ein bisschen meine Kindheit nachholen. Einfach einmal rumheulen, reden, weinen, alles Mögliche.

Dr. Möller: Wie sieht dein Leben jetzt aus?
Annette: Ich hatte einen Rückfall und werde zurzeit substituiert. Ich will aber wieder entgiften und es diesmal packen. Ich fange an, meinen Hauptschulabschluss zu machen. Ich will mir Hobbys suchen, etwas, was mir auf Teen Spirit Island Spaß gemacht hat.

Weihnachten, Silvester und Geburtstag im Gefängnis

Florian, 16 Jahre
(war einmal 5 Monate und ein zweites Mal 9 Monate auf Teen Spirit Island)

Dr. Möller: Florian, wie bist du zu Drogen gekommen?
Florian: Das kam so: Meine Mutter war alleinstehend und hatte viele wechselnde Freunde, die auch kriminell gewesen sind. Dadurch hatte ich ziemlich

viele Probleme zu Hause. Die Problematik lag darin, dass ich nicht mehr mit meiner Mutter und später meinem Stiefvater reden konnte. In der Schule wurde ich gehänselt, weil meine Mutter Drogen nimmt. Ich wurde als Junkiekind bezeichnet. Bin später von der Schule abgegangen und in das Drogenmilieu geraten und habe mit den Drogen versucht, meine Probleme zu beseitigen.

Dr. Möller: Was hast du für Drogen genommen?
Florian: Ich habe Cannabis und Kokain konsumiert, Ecstasy, psychodelische Drogen und pflanzliche Drogen wie Pilze.

Dr. Möller: Wann hast du mit den Drogen begonnen und wie viel hast du konsumiert?
Florian: Mit 14 habe ich angefangen Cannabis zu nehmen. Am Anfang ein bis zwei Tüten am Tag, ein halbes Gramm am Tag vielleicht, und irgendwann hat sich das hochdosiert auf 5 g pro Tag, die ich wirklich gebraucht habe. Mit Ecstasy war ich immer sehr vorsichtig, habe höchstens zwei am Tag genommen. Bei Koks gab es Phasen, da habe ich 2 bis 3 g pro Tag platt gemacht. Später habe ich Koks nur noch am Wochenende konsumiert. Ich habe mir einen Fünferbeutel geholt und mir das über das Wochenende aufgeteilt. Mit 14 habe ich mit dem Kiffen angefangen. Das andere hat sich dann so ergeben. Das Kiffen war bei mir schon eine Einstiegsdroge.

Dr. Möller: Wie bist du an das Geld für die Drogen gekommen?
Florian: Durch Beschaffungskriminalität. Ich habe Autos geklaut, Navis ausgebaut und wieder verkauft, Diebstahl, Abziehen. Beim Abziehen habe ich mir nach der Schule ein bis zwei Leute gegriffen, wenn ich wusste, dass die schwächer waren, und habe denen dann alle ihre Wertsachen abgenommen. Jacke weg, Smartphone weg, das Geld weg.

Dr. Möller: Hattest du Waffen bei dir?
Florian: Nein. Irgendwann habe ich Waffen zum Selbstschutz getragen, weil ich in der Drogenszene ziemlich viele Probleme hatte und da die meisten mit Waffen herumrennen.

Dr. Möller: Du hattest eine ganze Menge Straftaten und bist vom Richter zu einer Haftstrafe verurteilt worden.
Florian: Mit 15 war ich das erste Mal für vier Wochen im Jugendarrest, mit 16 bin ich dann zu zweieinhalb Jahren Haftstrafe verurteilt worden und ins Gefängnis gekommen. Dort habe ich Weihnachten, Silvester und meinen Ge-

burtstag verbracht. Im Gefängnis war es anfangs ziemlich langweilig, ich hatte keinen Tabak zu rauchen, habe dann meine Klamotten gegen Tabak getauscht. Im Gefängnis hat die Regel geherrscht, entweder man zeigt, wer man ist, zeigt, dass man stark ist, oder man wird untergebuttert und als Knecht behandelt. Ich bin zusammen mit einem Kollegen in Haft gekommen. Der hatte Schiss vor vielen Leuten im Gefängnis und hat sich von denen unterbuttern lassen. Der Kollege hat viel aus meiner Vergangenheit erzählt und deshalb hatte ich einen schlechten Ruf. Im Gefängnis hatte ich zwei- bis dreimal die Woche Stress mit Schlägereien, konnte in den Pausen nicht mehr in Ruhe meine Runden auf dem Hof drehen. Ich musste immer jemanden bei mir haben, der für Ruhe gesorgt hat, oder ich musste mich mit den anderen auseinandersetzen. Wenn ich mich mit der falschen Person angelegt habe, dann hat die versucht die anderen aus der Clique auf mich zu hetzen. Das geht von Schubsen, Ohrfeigen, bis zum Fäustefliegen. Mehrere auf einen oder mehrere auf mehrere, bis dann ein Wärter kommt und einen auseinanderreißt und die Leute in die Zelle oder in Absonderungshaft geschickt hat.

Dr. Möller: Du bist keine zweieinhalb Jahre in Haft gewesen. Wie ging es bei dir weiter?
Florian: Ich habe mit meinem Anwalt gesprochen. Der hat mir gesagt, ich solle Therapie statt Strafe beantragen, weil ich schon mal auf Teen Spirit Island in Therapie war. Um Therapie statt Strafe machen zu dürfen, darf man maximal eine Reststrafe von zwei Jahren haben. Das ist mir genehmigt worden.
Als ich das erste Mal hier war, bin ich vorher in eine andere – geschlossene – Kinder- und Jugendpsychiatrie eingewiesen worden, weil ich eine Psychose hatte. Ich war paranoid und habe Sachen gesehen, die gar nicht existieren, und habe gegenüber meiner Mutter nur Müll gelabert und mich von allen möglichen Menschen verfolgt gefühlt. Aus der geschlossenen Kinderpsychiatrie bin ich dann abgehauen, bin zum Feiern gegangen und anschließend für ein Jahr untergetaucht. Als ich wiederaufgetaucht bin, bin ich mit richterlichem Beschluss zwangseingewiesen worden und von dort aus habe ich mich dann auf Teen Spirit Island beworben. In dem Jahr bin ich mit einem Freund im Ausland untergetaucht. Aus der Zeit gibt es nichts Spektakuläres zu erzählen. Es war ein bisschen wie Urlaub machen. Zu Hause wusste keiner wo ich bin. Es gab eine Vermisstenanzeige, eine Suchmeldung, aber keiner wusste, ob ich noch am Leben bin.

Dr. Möller: Florian, wie bist du aufgewachsen?
Florian: An meine Kindheit kann ich mich kaum erinnern. Aber es wurde mir erzählt, dass meine Mutter angefangen hat Drogen zu konsumieren, als ich

zwei Jahre alt war. Weil ihre Mutter sie abgestoßen hat, weil sie mit 17 Jahren ein Kind geboren hat. Alle haben damals meine Mutter bequatscht, dass sie mich abtreiben soll. Sie ist dann von zu Hause ausgezogen, hat die Schule geschmissen und versucht, sich um mich zu kümmern. Sie ist eine richtige Lebenskünstlerin. Ich kann mich noch daran erinnern, als ich sechs Jahre alt war, meine Mutter hat mit vielen Leuten verkehrt, die dick im Geschäft und im Milieu waren, da sind viele Großdeals abgegangen. Ich habe miterlebt, wie meine Mutter ins Gefängnis gekommen ist und ich ins Heim. Nach sechs Monaten ist sie wieder rausgekommen und ich bin zu ihr gezogen. Meine Mutter hatte einen neuen Partner, der hat sich in unserer Wohnung erstochen. Vorher hat er in der Gegend noch ein paar Supermärkte überfallen und Drogen konsumiert. Meine Mutter und ich sind damals psychisch nicht klar darauf gekommen. Ich war damals neun. Wir sind von zu Hause weg und als wir wiederkamen, war der Krankenwagen da, die Polizei. Das hat mich noch lange verfolgt. Daher kommt das auch mit dem Paranoiden. Der hat uns viele Sachen erzählt, die wir einfach geglaubt haben, und er hat uns stark beeinflusst. Ich war ganz froh darüber, dass er gestorben ist, obwohl ich es keinem gönne. Es ging so weiter: Meine Mutter, die war so ein wandelndes Bäumchen mit ihren Männern. Sie ist dann zu einem gekommen, der war auch in der Szene. Der ist dann verschollen. Es stand etwas in der Zeitung über ihn, dass er in eine Sache verwickelt sei. Anschließend ist sie mit einem Mann zusammengekommen, der über 15 Jahre im Bau [Gefängnis] war. Nach zwei Jahren haben die beiden geheiratet. Durch die Laufbahn meiner Mutter habe ich Männer gehasst. Ich habe mich jedes Mal mit meinem Stiefvater angelegt, wenn er mir etwas erzählen wollte, was ich zu tun oder zu lassen habe. Mittlerweile sind sie geschieden.

Dr. Möller: Kennst du deinen leiblichen Vater?
Florian: Nein.

Dr. Möller: Wie war das früher bei dir zu Hause, wenn deine Mutter breit [unter Drogen] war?
Florian: Ich habe den Haushalt geführt, habe mich um alles gekümmert, den Einkauf, Hunde rauslassen, mit den Leuten geredet, die Geld haben wollten von meiner Mutter, wie dem Finanzamt. Ich war 12 und war sehr selbständig, selbstbewusst und verantwortungsbewusst. Es hat mich geprägt und das habe ich auch mitgenommen. Das tut mir manchmal auch ganz gut.

Dr. Möller: Konnte sich deine Mutter um dich kümmern, als du ein kleines Kind warst?

Florian: Meine Mutter hat immer versucht, 100 Prozent zu geben, um mich irgendwie durchzubringen. Sie war eine reine Überlebenskünstlerin. Sie hat sich um mich gekümmert. Ich habe vielleicht Weihnachten keine Geschenke bekommen, dafür dann unterm Jahr. Mir ging es nicht schlecht. Auf keinen Fall.

Dr. Möller: Wie siehst du deine Mutter, nachdem du selbst eine Therapie beendet hast?
Florian: Wie meine Mutter. Sie ist meine Mutter und sie ist alt genug, um zu wissen, was sie macht.

Dr. Möller: Was hat dich damals gereizt, mit den Drogen anzufangen?
Florian: Der jugendliche Trip, cool sein wollen, einen mitzurauchen und das Gefühl dabei zu sein, das war völlig neu. Dieses Gefühl war am Anfang sehr inspirierend, das hat sich gesteigert. Ich wollte immer mehr von diesem Gefühl, ich wollte andere Gefühle kennenlernen, weil zu jeder Droge gibt es andere Gefühle. Später habe ich mir Gute-Laune-Sachen geschoben oder geschmissen, die habe ich dann auch als Problemunterdrücker genommen.

Dr. Möller: Was hat dich veranlasst, in eine Therapie zu gehen?
Florian: Das erste Mal wollte ich gar nicht. Meine Mutter hat über einen gerichtlichen Beschluss Druck gemacht und gesagt, wir können nur noch zusammenleben, wenn ich eine Therapie mache. Ich habe die Therapie immerhin fünf Monate durchgehalten. Mir ist das mit der Tagesstruktur und der Problematik in der Gruppe zu viel geworden, dann bin ich beim Versteckspiel über den Zaun abgehauen. Als ich draußen war, bin ich wieder in den Drogensumpf gefallen. Im Gefängnis habe ich auch Drogen konsumiert. Am Anfang habe ich nur gedacht, besser Therapie machen, als Strafe absitzen. Im Nachhinein merke ich aber, dass mir die Therapie etwas gebracht hat. Im Gefängnis wäre ich jetzt sicherlich noch drauf, wenn ich überhaupt noch leben würde. Denn neben mir in der Zelle wurde einer mit der Gabel erstochen. Einen Monat vorher hat sich jemand in der Zelle über mir erhängt. Irgendwann platzt einem im Gefängnis der Kopf und nach zweieinhalb Jahren ist man, glaube ich, psychisch ziemlich fertig, wenn man nur im Knast war.

Dr. Möller: Wobei hat die Therapie dir geholfen?
Florian: Ich bin stabiler geworden. Jetzt könnte jemand neben mir konsumieren und ich würde nicht zur Droge greifen. Ich habe sehr viel an mir gearbeitet, bin kreativer geworden, selbstbewusster, kann mit Problemen vernünftig umgehen. Früher hätte ich jemandem, der mir querkommt, gleich

eine vors Brett gehauen. Jetzt versuche ich mich erst verbal zu wehren, bevor ich aggressiv werde. Denn damit kommt man nicht weiter, das war mir früher nicht bewusst.

Hier in der Therapie war mir wichtig, offen über meine Sachen reden zu können, das Vertrauen zur Gruppe der Mitpatienten. Wenn wir mit der Gruppe unterwegs waren und ich habe jemanden gesehen, der Drogen konsumiert und den ich kenne, dann konnte ich mit der Gruppe und den Betreuern darüber reden. Ich wurde gefragt, ob ich Suchtdruck habe, es gab Einzelgespräche. Wichtig war auch, den Kontakt zur Außenwelt langsam aufzubauen. Anfangs war ich damit nicht einer Meinung, habe es im Nachhinein aber verstanden.

Dr. Möller: Welche sind die nächsten Schritte, die du für dich geplant hast?
Florian: Erst einmal will ich den Hauptschulabschluss nachmachen. Mit der Schule habe ich ja schon angefangen. Ich will in eine eigene Wohnung mit mobiler Betreuung ziehen, drogenfrei bleiben und draußen wieder Kontakte knüpfen.

Mit einer Psychose in Amsterdam

Hans, 18 Jahre
(war 11 Monate auf Teen Spirit Island)

Dr. Möller: Hans, in welchem Alter hast du begonnen Drogen zu konsumieren?
Hans: Da war ich 11 Jahre alt. Ein Freund hat mich gefragt, der zu der Zeit schon gekifft hat. Das war mein bester Freund zu der Zeit. Er hat mich gefragt, ob ich nicht mal mitrauchen möchte. Der hat im Keller mit anderen Freunden Wasserpfeife und Shisha geraucht. Das habe ich gemacht und es war eigentlich ganz lustig. Ich habe mich nicht mehr eingekriegt vor Lachen (lacht). Das war alles neu. Ich habe die Umgebung ganz anders wahrgenommen, habe einfach nur noch gelacht. Es war lustig, ich habe an jeder Sache irgendetwas gefunden, worüber ich lachen konnte. Mit 13 habe ich angefangen regelmäßig Zigarette zu rauchen. Mit 14 durfte ich zu Hause bei meinem Vater rauchen. In der Mittelstufe habe ich angefangen in der Schule zu kiffen, auf dem Schulhof in den Pausen. In der Schule hatte irgendjemand etwas dabei. Anfangs habe ich gesagt, nein, ich möchte nicht, dann habe ich doch gesagt OK, ich zieh mal, und

es hat immer irgendwas Lustiges bei mir ausgelöst. Es war nicht so toll wie beim ersten Mal. Die Gefühlserfahrungen waren ganz anders, das Körpergefühl war anders. Als ich dann angefangen habe regelmäßig zu kiffen, ein gutes Gramm am Tag, da hat alles nachgelassen. Ich hatte ca. 250 Euro Taschengeld im Monat, davon habe ich 150 Euro für Kiffen ausgegeben. Immer wenn ich Geld hatte, habe ich irgendjemanden angerufen und gefragt, ob er nicht Lust hat, was zu rauchen.

Dr. Möller: Hast du noch andere Drogen genommen?
Hans: Nee. Nur einmal, da hatten wir nichts zu rauchen und ein Freund hatte Pilze. Damals hatte ich schon die Psychose und da habe ich gesagt, komm, lass uns die rauchen. Die Tüte haben wir dann aber nach der Hälfte ausgemacht, denn es hat voll eklig geschmeckt.

Dr. Möller: Wann haben sich deine Eltern getrennt?
Hans: Als ich 14 war fing die Scheidung an. Meine Eltern haben nur noch über ihre Rechtsanwälte miteinander geredet. Als ich 16 war, war die Scheidung zu Ende. Aber als ich sechs Jahre alt war, haben sie angefangen sich ständig zu streiten. Am Wochenende war das so, dass wir alle zusammen gefrühstückt haben. Wir Kinder haben den Frühstückstisch gedeckt. Als wir fertig waren, sind wir aufgestanden. Meine Eltern saßen dann noch drei bis vier Stunden da und haben sich lauthals gestritten. Das ging dann sechs bis acht Jahre so. Erst hat mein Vater gesagt, er nimmt sich ein Extrazimmer auf dem Dachboden, und hat angefangen den Dachboden auszubauen. Das war aber auch nicht das Wahre. Dann hat er sich eine eigene Wohnung genommen und war da anfangs immer nur ein paar Tage die Woche, so als Rückzugsmöglichkeit. Dann hat er sich eine andere Wohnung genommen, wo er fest gewohnt hat. Ich habe angefangen zu ihm zu pendeln. Anfangs einen Tag die Woche, später zwei, das war anstrengend. Ich habe die Lücken genutzt. Wenn ich zum Beispiel eine schlechte Schularbeit geschrieben habe, bin ich zu dem von meinen Eltern gegangen, wo ich gemeint habe, dass ich weniger Ärger bekomme. Bei uns zu Hause war das auf gut Deutsch so, wie wenn man sich normal streitet, nur, das hatten wir den ganzen Tag. Die Aggressionen flogen immer hin und her, sie haben sich nicht geprügelt, aber lauthals gestritten.

Dr. Möller: Wie bist du als Kind damit umgegangen?
Hans: Ich war immer viel mit Freunden unterwegs, war draußen, war teilweise mehr bei Freunden als zu Hause. Und als ich noch kleiner war, habe ich mich in mein Zimmer zurückgezogen, mich dort mit Sachen beschäftigt und in mich selbst zurückgezogen, um das alles nicht so wahrzunehmen. Habe ver-

sucht, alles, was um mich passiert, nach hinten zu schieben, mich auf das zu konzentrieren, was ich grade gemacht habe. Das hat aber nicht immer funktioniert. Ich hab ziemlich viele Aggressionen bekommen. Das war am Anfang so, dass ich irgendwelche Elektrogeräte verschrottet habe. In der dritten Klasse habe ich mich in der Schule so oft geprügelt, dass mir ein Schulverweis angedroht wurde. Zu Hause habe ich mich auch einmal mit meiner Mutter geprügelt und sie geschlagen. Mit meinem Vater habe ich mich öfters geprügelt. Ich war unfähig, meine Aggressionen auszudrücken, die waren so gesteigert, da musste nur ein kleiner Streit kommen und dann bin ich vollkommen ausgeklinkt. Beim letzten Mal kam dazu, dass ich Alkohol getrunken hatte. Ich durfte da schon nicht mehr kiffen, weil ich eine Psychose hatte, aber noch keine Medikamente genommen habe. An dem Silvester war das so, dass mein Vater und ich beide besoffen waren. Gegen null Uhr, da bin ich ausgeklinkt. Ich habe ihn in den Schwitzkasten genommen und zu Boden geschmissen, dann hat er mich zu Boden geschmissen. Ich habe ihn in den Arm gebissen, da hat er jetzt noch eine Narbe von. Im Suff wusste ich mich nicht anders zu wehren. Er hat mir in den Magen geschlagen, ich habe mich übergeben. Bin dann rausgerannt, habe noch einen teuren Glastisch zertreten, bin dann zu meiner Mutter gegangen und habe mich da schlafen gelegt.

Dr. Möller: Gibt es denn eine Zeit in deiner Kindheit, an die du dich gerne erinnerst?
Hans: Ja klar, als ich klein war. Wir haben damals auf einem riesengroßen Gelände gewohnt. Da hatte ich überall Freunde. Das war klasse. Da gab es keine Kriminalität. Ich hatte einen Hund, bin mit dem abends durch den Wald gerannt. Das war einfach schön. Als ich klein war, sind wir oft in das Heimatland meiner Mutter gefahren. Das war schön, dort Kontakt zur anderen Hälfte meiner Familie zu haben. Das war meine schönste Zeit.
Als ich sechs war, war ich gerade in die Schule gekommen, da haben meine Eltern eine Pflegetochter aufgenommen. Die hatte auf dem Papier eine Behinderung von 100 Prozent. Aber ich habe das immer so gesehen, als wäre sie ein bisschen jünger, als sie eigentlich ist. Die ist mir voll auf die Nerven gegangen. Ich war voll müde und fertig von der Schule und wollte nachts pennen. Sie ist aber nachts um drei Uhr aufgestanden, weil sie nicht schlafen konnte oder einen anderen Schlafrhythmus hatte, hat rumgespielt, mit ihrem Smartphone Musik gehört und gar keine Rücksicht auf mich genommen. Anfangs habe ich nichts gemacht. Aber mit der Zeit kamen mehr solche Dinge. Da habe ich mich provoziert gefühlt und sie auch manchmal gehauen. Denn reden konnte ich nicht mit ihr. Wenn meine Eltern versucht haben, mir das zu erklären, kam mir das so vor, als ob sie mich ärgern wollten.

Dr. Möller: Wie ist deine ältere Schwester mit dem Stress zu Hause umgegangen?
Hans: Das Problem war, dass mein Vater neben dem Stress zu Hause auch noch eine Firma gegründet hat und meine Schwester hatte immer das Gefühl, dass mein Vater sich mehr um die Firma gekümmert hat als um sie. Das hat sie total verletzt. Als sie jung war, war sie Papas Liebling, und sie hat sich dann allein gelassen gefühlt. Jetzt hat sie gar keinen Kontakt mehr zu meinem Vater. Sie ist mit 16 ausgezogen. Ein, zwei Jahre, nachdem sie ausgezogen war, ging es ihr schlechter. Sie hat Magersucht gehabt, einen Suizidversuch begangen, Drogen genommen, Alkohol, Gras [Cannabis] und gelegentlich Koks [Kokain]. Sie war auf sich alleine gestellt. Ich find das traurig, weil mir geht es jetzt so gut und ihr geht es immer noch schlecht.

Dr. Möller: Hast du dich von deinem Vater auch allein gelassen gefühlt?
Hans: Nee. Ich bin ja immer hingegangen. Ich hatte da mehr Eigeninitiative.

Dr. Möller: Wie ging es in deinem Leben weiter?
Hans: Als ich die Schule fertig hatte, ich hatte einen Realschulabschluss, der zu schlecht war, um Abitur zu machen, und zu gut, um wiederholen zu können, habe ich, weil ich nicht wusste, was ich machen soll, erst mal ein freiwilliges soziales Jahr in der Psychiatrie gemacht. Damals habe ich schon massig gekifft. Ich hatte einen Arbeitskollegen, der Gras verkauft hat, für einen richtig guten Kurs. Ich habe tagsüber gearbeitet, dann gekifft und nebenher noch viel gelesen. Im Urlaub bin ich nach acht Jahren wieder in das Heimatland meiner Mutter gefahren und habe mir eine Menge zu kiffen mitgenommen. Das war eigentlich gar kein richtiger Urlaub. Es war nur Rumhängen, Kiffen, Bier trinken und mich gar nicht mit der Familie beschäftigen. Das war scheiße.

Als ich wieder zu Hause war, ging es los. In dem Einkaufsladen um die Ecke hat ein Mädchen gearbeitet. Plötzlich habe ich gedacht, die will mich heiraten und die ganze Familie wäre hinter mir her. Das war ganz komisch. Ich saß im Bus auf dem Weg zur Arbeit und da war eine Fahrgastbefragung. Ich hab gedacht, dass sei von dem Mädchen und ihrer Familie organisiert. Von da an habe ich mich immer von den Jugendlichen im Bus beobachtet gefühlt, dass die aufpassen, dass ich mir keine andere anlache. Wenn jemand eingestiegen ist, wusste ich schon, aha, der soll auf mich aufpassen. Das war eine komische Zusammenkunft von Ereignissen, die sich in meinem Kopf abgespielt haben. Eines Nachts dachte ich, dass das Mädchen und ihr Vater in das Zimmer von meinem Vater eingestiegen seien. Das liegt neben meinem. Die haben sich die ganze Nacht unterhalten und ich habe die Stimmen gehört. Jedes Mal wenn ich zu Hause war, dachte ich, das Mädchen sei zwischen den Wänden der beiden Zimmer und würde mich beobachten. Habe in dem Zimmer von meinem Vater nach einem Eingang gesucht zu diesem Zwischenraum in den Wänden. Habe mich krankschreiben lassen und vier Tage und Nächte wach gelegen. Nachts habe ich mit einem Messer im Bett gelegen, unter totaler Anspannung eine nach der anderen geraucht, weil ich dachte, die Familie von dem Mädchen wollte mich umbringen. Als mein Vater das mitbekommen hat, ist er mit mir in die Psychiatrie gefahren. Dort wurde ich gefragt, ob ich freiwillig in die Klinik gehe, und da habe ich gesagt, nein. Ob ich Medikamente nähme, das wollte ich auch nicht. Dann hat der Arzt mit mir und meinem Vater ein Gespräch geführt. Der Arzt hat gesagt, dass er nichts machen kann, weil ich nicht selbst- oder fremdgefährdend bin. Wir haben abgemacht, dass ich erst mal einen regelmäßigen Tagesablauf führe und im Garten arbeite. Das habe ich nicht hingekriegt, habe verpennt, zu lange ferngeguckt, trotzdem mein Vater sich die Mühe gemacht hat und mir immer alles haarklein erklärt und aufgeschrieben hat.

Irgendwann ging es ein bisschen besser. Ich hatte in einer anderen Stadt einen Platz für das Fachabitur. Bin dahin umgezogen und hab mit meinem Vater das Zimmer eingerichtet. Abends bin ich auf eine Party von Freunden gegangen. Auf der Party hatten wir nichts zu rauchen, ich hatte aber Suchtdruck. Ich habe mir gesagt: OK, dann mach ich Kampftrinken (Komasaufen). Ein Freund hat eine Flasche 40%igen Wodka, 0,7 l, geholt und ich habe gewettet, dass ich die in fünf Minuten austrinke. Ich hab das 0,2-gläserweise weg geext. Ich stand im Erdgeschoss am Fenster, habe eine geraucht und plötzlich wurde mir schwarz vor Augen. Es war, wie wenn jemand den Lichtschalter ausmacht. Bin die Wand entlang auf dem Boden geknallt. Im Krankenhaus bin ich noch mal kurz aufgewacht, weil ich auf Toilette musste. War aber unfähig, mich zu bewegen, und habe in die Hose gemacht. Lag die Nacht im komatösen Zustand mit 2,6 Promille auf der Intensivstation. Mein Vater hat mich gleich am nächsten Tag wieder mitgenommen und gesagt, so lasse er mich nicht alleine wohnen. Zu Hause habe ich wieder angefangen zu kiffen. Ich war mit Kumpels in der Kneipe. Da hatte ich das Gefühl, alle unterhalten sich über mich. Das war so grusig und hat mich weiter beschäftigt.

Bis ich irgendwann die Idee hatte, ich gehe in das Heimatland meiner Mutter, weil ich den Urlaub noch in guter Erinnerung hatte. Ich nehme mir ein paar Grassamen mit, baue Gras an, verkaufe es und habe meinen Lebensunterhalt. Ich bau mir eine Hütte am Waldesrand. Das war es dann. Irgendwann habe ich mich entschlossen das zu machen. Hab mir ein Busticket gekauft und bin Richtung Amsterdam gefahren. Auf halbem Wege bin ich bei einem Mann untergekommen, der gesagt hat, jeder, der unter seinem Dach wohnt, ist sein

Bruder. Dort habe ich wieder angefangen mit Kiffen und irgendwann hat mir einer ein Bahnticket nach Amsterdam spendiert. In Amsterdam habe ich vier Tage nicht geschlafen. Habe zwischendrin mal was bei der Heilsarmee gegessen und getrunken. Bin durch die Straßen gelaufen und hatte das Gefühl, dass die Menschen eine Masse wären und eine Stimme hätten, die sich zu einem Gedanken formt. Die Autos waren das Böse und hatten die aggressive Stimmung. Habe während der ganzen vier Tage Halluzinationen geschoben mit Stimmen, die ich gehört habe. Das war echt schlimm. Dann habe ich wieder was geraucht. Davon ist alles schlimmer geworden. Ich hatte das Gefühl, die Autos würden mit ihren Stimmen die Menschen immer aggressiver machen. Die Menschen haben auf einmal gesagt, tragt ihn ins Dunkel, wir schneiden ihm den Hals auf. Ich habe von mir gedacht, ich sei der Messias. Auf einem Hochhaus stand auf Holländisch »Ruhe, Jesus liebt Euch«. Ich habe den Film geschoben, dass die das wegen mir dahin geschrieben haben. Ich habe mir die ganze Zeit gewünscht, keine Stimmen mehr zu hören, und ich dachte, die Ruhe steht da, damit ich keine Stimmen mehr hören muss, und es hätten die Menschen gemacht, weil sie mich nicht ins Böse treiben wollten. Das ist immer schlimmer geworden, bis ich aus Amsterdam geflüchtet bin. Ich bin entlang der Autobahn gelaufen, bis ich rechts ein Gelände gesehen habe mit leerstehenden Häusern. Habe mich aber nicht getraut, alleine im Dunkeln in den Häusern zu wohnen, weil die Stimmen mir so eine Angst gemacht haben. Ich bin weiter über eine Wiese gelaufen, auf der ein Graben war. Auf dem Graben war so grüne Entengrütze. Bin weitergelaufen, in den Graben gefallen und untergetunkt. Habe so einen Schrecken gekriegt, dass ich mir gesagt hab, »so jetzt reicht es. Jetzt gehst du nach Hause.« Bin zweieinhalb Stunden bei fünf Grad durchnässt an der Autobahn langgelaufen, bis mich jemand zur Polizei gefahren hat. Von da habe ich meinen Vater angerufen, der hat mich abgeholt. Mein Vater hatte schon eine Vermisstenmeldung aufgegeben und die Polizei im Heimatland meiner Mutter verständigt. Mein Vater wollte mich wieder zwangseinweisen lassen. Das hat aber nicht geklappt, weil immer, wenn ich eine Zeit lang nicht gekifft habe, ist die Psychose besser geworden. Ich habe das schon noch gemerkt, aber die andern haben das nicht mehr so mitbekommen. Ich habe immer versucht, mich nach den andern zu richten. Ich habe auch nicht über meine Erlebnisse geredet.

Dr. Möller: Wie ist es jetzt mit deinen psychotischen Symptomen?
Hans: Jetzt, wo ich ein Jahr Medis [Medikamente] nehme, ist das alles weg. Einmal kam das hier wieder, als wir mit den Betreuern auf einem Konzert waren. In dem Stimmengemurmel auf dem Konzert hatte ich das Gefühl, das sich Stimmen bilden, die sich über mich unterhalten würden. Aber hier habe

ich gelernt, damit umzugehen. Als ich die ersten Male in der Stadt war, hatte ich nicht die Probleme damit. Ich hätte mir auch sagen können, »OK, das, was du jetzt gerade erlebst, das ist psychotisch.«

Dr. Möller: Bist du vor einem Jahr freiwillig in die Psychiatrie gegangen?
Hans: Ja. Nachdem ich mich Silvester mit meinem Vater geprügelt habe, habe ich wieder angefangen zu kiffen. Ich habe damals in einer WG gewohnt, wo die auch gekokst haben. Ich habe mich zwei Tage so dermaßen zugeknallt, dass ich wieder psychotisch war. Habe mein Zimmer dreimal komplett umgeräumt. Es sah alles aus wie Sau. Dann ist mein Vater gekommen und hat gefragt, ob ich nicht mit in die Klinik möchte. Und dann war das eine Kurzschlussentscheidung und ich habe gesagt, »gut, diesmal mach ich es.«

Dr. Möller: Wie kam es, dass du zu Teen Spirit Island gekommen bist? War das freiwillig?
Hans: Ja. Das kam so: Die andere Psychiatrie hat mich mit der Zeit angekotzt. Mein Psychiater hat mir gesagt, dass er Kontakt zu einer sehr guten Therapieeinrichtung hat. Anfangs wollte ich hier nicht her. Aber mit der Zeit ist mir das so anstrengend geworden mit den Schwestern da und mit den Leuten, dass der Schritt hierher praktisch eine Flucht war. Wie ich das schon so oft in meinem Leben gemacht habe, dass ich vor Situationen geflüchtet bin. Aber hier hat es dann eigentlich erst angefangen mit Therapie.

Dr. Möller: Was war für dich während der Zeit auf Teen Spirit Island wichtig?
Hans: Das Miteinander mit anderen Jugendlichen. Das Gruppenkonzept. Vorher war ich durch meine Psychose sehr isoliert, war lange Zeit immer mit mir alleine. Das war für mich echt wichtig zu lernen, wieder mit anderen Menschen umzugehen, auf deren Stimmung einzugehen und nicht nur das zu machen, was mir gerade durch den Kopf geht. Das war ganz wichtig.

Dr. Möller: Was war besonders wichtig während der Therapie?
Hans: Der wichtigste Punkt war, dass ich abgebrochen habe. Ich habe einmal abgebrochen, bin nach Hause gefahren und habe mir am selben Abend aber gesagt, ich möchte wieder zurück. Ich hab meine Freunde angerufen und erfahren, dass die kräftig weiter kiffen. Habe aufgelegt und mir gesagt, ich kann nicht so weiter machen. Ohne Therapie kann ich das nicht erreichen, was ich möchte. Ich habe mich um einen Platz bemüht und bin nach drei Wochen wieder aufgenommen worden. In der Zwischenzeit bin ich mit Freunden nach Amsterdam gefahren. Die sind in einen Coffeeshop gegangen und es war ein bemerkenswertes Gefühl im Coffeeshop zu sitzen und keinen Suchtdruck zu

haben. Was mich aber wirklich gestört hat, war, dass ich wusste, die machen auf Teen Spirit Island eine UK [Urinkontrolle auf Drogen] und hier drin krieg ich von dem Qualm noch passiv was ins Blut. Ich bin rausgegangen. Das war wichtig zu merken, ich kann im Coffeeshop sitzen, ohne was nehmen zu müssen. Das war klasse.

Dr. Möller: Was war anders, als du wieder zu Teen Spirit Island gekomen bist?
Hans: Ich wusste, dass ich etwas erreichen möchte und dass ich das hier durchziehen möchte. Ich wollte zu mir sagen können, ich habe was erreicht, ich habe was verändert. Ich bin reifer geworden, ich brauche die Drogen nicht mehr.

Dr. Möller: Was nimmst du aus der Therapie an Erfahrungen mit?
Hans: Ich kann besser mit anderen Menschen umgehen. Als ich klein war, habe ich ja diese Schutzfunktion für mich gesucht und mich in mich zurückgezogen oder war aggressiv zu anderen. Als ich hierhergekommen bin, war ich total in mich zurückgezogen, konnte mich nicht ausdrücken, konnte mich nicht mit anderen Menschen auseinandersetzen. Jetzt komme ich gut klar mit anderen Menschen. Bin zwar noch etwas zurückgezogener als andere. Jetzt kann ich mich auch normal unterhalten, auch wenn ich merke, dass mir das Philosophische nicht so gut tut, weil ich mich da in eine Psychose reinsteigern kann.

Dr. Möller: Was hast du nach Beendigung der Therapie gemacht?
Hans: Zurzeit bin ich bei StepKids. Da ist es ziemlich geil. Das wird zwar auch Therapieeinrichtung genannt, da ist es aber nicht anstrengend genug, als dass es für mich als Therapie zählt (lacht). Dort kann ich jeden Tag neue Sachen entdecken. Am Anfang habe ich mir jeden Tag was Gutes getan. Hab mein Zimmer eingerichtet, so wie ich es haben wollte. Hab mir Klamotten gekauft. Ich fang jetzt mit dem Führerschein an. Ich mach jeden Tag neue Sachen und die Sachen klappen auch. Ich habe begriffen, der Einzige der etwas verändern kann, ob es gut oder schlecht läuft, das bin ich. Ja, es läuft echt gut. Ich finde das schön bei StepKids und möchte gerne noch eine Zeit lang dort bleiben.

Dr. Möller: Wenn du auf deine Drogenzeit zurückblickst, kannst du dieser Zeit etwas Positives abgewinnen?
Hans: Wenn überhaupt etwas positiv war, dann waren es am Anfang die Freundschaften, die dadurch entstanden sind. Alles prima Leute. Das Problem war aber, dass aus der Freundschaft nur noch eine Zusammenkunft zum Kiffen

wurde. Klar haben wir viel miteinander erlebt, aber das meiste war im Drogenrausch. Wir haben eine Klassenfahrt gemacht, wo wir nonstop breit waren und dazu noch gesoffen haben. Das Einzige, was uns am Ende noch verbunden hat, war, dass wir uns so lange kannten.

Dr. Möller: Was denkst du im Rückblick über die Therapie?
Hans: Ich bin stolz auf mich, dass ich es geschafft habe.

50 Euro am Tag weggekifft

Peter, 14 Jahre
(war 7 Monate stationär auf Teen Spirit Island und 4 Monate bei StepKids)

Dr. Möller: Peter, kannst du erzählen, wie du in die Drogenabhängigkeit reingerutscht bist?
Peter: Ja, ich bin mit Freunden unterwegs gewesen. Ich war öfter bei so einer Frau, die war ein bisschen älter (26 Jahre), das war eine Tante von einem Kumpel und da haben die alle gekifft. Irgendwann habe ich das auch ausprobiert. Ich habe immer öfter gekifft. Sie haben Pillen gehabt, dann hab ich das auch mal ausprobiert und die Pillen öfter genommen. Getrunken haben wir natürlich auch, Bier und Wodka und so. Ja, so kam das. Ich war damals 12 Jahre, mein Kumpel hat schon gekifft.

Dr. Möller: Was war denn sonst in deinem Leben, als du 12 Jahre alt warst?
Peter: Ja, es war nicht gut. Ich hab erst bei meiner Mutter gewohnt. Da haben wir uns immer viel gestritten, es war viel Stress. Und irgendwann bin ich zu meinem Vater gezogen. Dass ich ausziehe, wollten wir beide, meine Mutter und ich, denn wir haben uns nur noch gestritten. Ich hab viel Scheiße gebaut und meine Mutter hat mich angeschrien. Ich hab mir das nicht gefallen lassen, hab zurückgeschrien. Manchmal hab ich sie auch bedroht. Ja, so war das zu Hause.
Bei meinem Vater war es eigentlich ganz gut, aber es ist trotzdem passiert, dass ich angefangen habe Drogen zu nehmen.

Dr. Möller: Wann haben sich deine Eltern getrennt?
Peter: Da war ich fünf. Fünf Jahre war ich erst. Das war scheiße. Mein Vater ist ausgezogen und ich hatte eine lange Zeit keinen Kontakt zu meinem Vater,

weil meine Mutter das nicht wollte. Das war natürlich scheiße und deshalb hab ich mich wahrscheinlich auch mit meiner Mutter gestritten. Zwei Jahre nach der Trennung war meine Mutter für ein paar Monate im Krankenhaus wegen Depressionen, sie musste auch Antidepressiva und so was schlucken. Das war auch scheiße. In der Zeit war ich bei meinem Vater. Mit zehn bin ich zu meinem Vater gezogen. Anfangs ging es ganz gut. Irgendwann fing es an mit den Drogen. Anfangs hat er es nicht gemerkt und irgendwann ist es ihm aufgefallen. Ich hatte immer rote Augen, anderes Verhalten, hab mit Freunden nur noch Scheiße gebaut, rumgealbert. So hat er das gemerkt. Meine Freunde, die waren so alt wie ich oder ein, zwei Jahre älter.

Dr. Möller: Wie war das in den ersten fünf Jahren deines Lebens, bevor deine Eltern sich getrennt haben?
Peter: Also ich hatte mit meinen Eltern keinen Stress, aber die untereinander. Die haben viel rumgeschrien. Geld hatten sie auch nicht, darüber haben sie oft gestritten. Meine Mutter hat manchmal die ganze Bude und Schränke auseinandergenommen, Blumentöpfe rumgeschmissen, manchmal mit Gläsern geschmissen, nachdem sie sich mit meinem Vater gestritten hat.

Dr. Möller: Was hast du gemacht, wenn so viel Stress zu Hause war?
Peter: Gar nichts. Meine Schwester (sieben Jahre älter) hat mich meist mit auf ihr Zimmer genommen. Aber das haben wir dann trotzdem mitbekommen.

Dr. Möller: Wenn du dich noch mal an die Zeit erinnerst, als du begonnen hast zu kiffen, wie ging es dir damals?
Peter: Als ich angefangen habe, habe ich das nur aus Spaß gemacht. Irgendwann wurde mir alles scheißegal. Ich habe dann nur noch mit Freunden rumgegammelt. Mir war das alles egal, auch wie viel ich genommen hab, ob das zu viel ist oder zu oft, habe das einfach weiter genommen. Das fing jeden Tag mit Kiffen an. Ich habe angefangen von meinen Eltern Geld zu klauen, habe bis zu 50 Euro am Tag weggekifft. Wir waren meist zu dritt und haben so 10 g am Tag gekifft. Irgendwann habe ich angefangen jeden Tag Pillen – vor allem Ecstasy – zu fressen und am Wochenende Pappen [LSD]. Pillen habe ich manchmal nur ein, zwei, später oft auch sechs, sieben eingeworfen. Gekifft habe ich zwei Jahre. Nach einem Jahr habe ich angefangen jeden Tag Pillen zu nehmen, über ein halbes Jahr. Das mit dem Alkohol lief so nebenher, war aber kein Problem von mir.

Dr. Möller: Wie war das für dich, unter Drogen zu sein?
Peter: Breit zu sein ist natürlich gut, sonst würde man es nicht machen. Aber

es ist scheiße rumzulaufen und Geld fit zu machen. Das ist scheiße. Immer schlapp. Das Geld musste ich von meinen Eltern klauen. Oder ich bin zum Dealer gegangen, habe ihm gesagt, ich gebe ihm das Geld später, und hab ihm das dann nicht gegeben. Manchmal habe ich andere abgezogen. Da sind wir zu mehreren hin und haben gesagt, her mit der Knete und dem Smartphone oder wir hauen dir ein paar. Dann haben die es hergegeben.
Wenn ich bekifft war, war ich eher müde. Wenn man jeden Tag kifft, wird man irgendwann nur noch müde. Unter Pillen war ich wach, aufgedreht, hatte Glücksgefühle, aber eigentlich auch nur die erste Zeit. Dann ist es nicht mehr so. Ich war mehr aggressiv. Bei LSD, das kann ich schwer beschreiben. Da verhält man sich eigentlich normal, ist eben breit, bisschen Halus [Halluzinationen]. So wie im Film war das bei mir nicht, dass ich irgendwelche Männekens gesehen habe. Habe da mehr Farben gesehen. Wenn ich jemanden angeguckt habe, hat sich das Gesicht verzogen. Als ich aus der Therapie abgehauen bin, bin ich zu meiner Pflegefamilie gefahren. Eine Mitbewohnerin, die hat gesagt, ich soll mal Engelstrompeten ausprobieren. Ich habe das gemacht. Ich wusste nicht, wie viel ich davon nehmen muss, habe einfach reingehauen, ich weiß nicht wie viel. Habe die mit einem Wasserkocher aufgekocht und als Tee getrunken. Ich hatte einen Filmriss, es war alles weg. Ich bin im Krankenhaus wieder aufgewacht, wusste nicht, wo ich bin, und habe die Betreuer zusammengeschrien. Als ich aus dem Fenster geschaut habe, habe ich die Leute an den Bäumen hängen sehen und so was. Das war ein ganz schöner Horrortrip. Das hat zwei Tage gedauert.

Dr. Möller: Würdest du Engelstrompeten nochmal nehmen?
Peter: (lacht) Nee.

Dr. Möller: Was hat dich damals gereizt, Drogen zu nehmen?
Peter: Wenn man breit ist, fühlt sich das schon gut an. Aber das ganze Geld, was dabei draufgeht. Da muss man klauen gehen. Wenn man wieder nüchtern ist, fühlt man sich scheiße, man baut ganz schön ab. Ja, wenn ich breit war, war mir der Stress mit meinen Eltern und zwischen meinen Eltern scheißegal. Ich hab das nicht so gemerkt. Mein Vater schreit mich vielleicht an, ich geh in mein Zimmer und fühle mich wieder gut. Es hat geholfen zu vergessen, was ich so erlebt hab.

Dr. Möller: Wie kam es dazu, dass du dich entschlossen hast, eine Therapie zu machen?
Peter: Erst war das nicht freiwillig. Meine Eltern haben mich rausgeschmissen. Ich bin zu einer Pflegefamilie gekommen und das Jugendamt hat gesagt,

wenn ich keine Therapie mache, können sie mir keine Wohnung geben. Dann sitze ich auf der Straße. Ich bin zur Therapie gegangen. Dort hab ich gemerkt, dass mein Leben ziemlich scheiße ist. Dann wollte ich die Therapie selbst.

Dr. Möller: Wie siehst du das heute, dass du damals viel Druck bekommen hast?
Peter: Das war gut, sonst wäre ich heute bestimmt noch drauf. Erstmal war das komisch, in der Therapie anzukommen. Die Leute kennt man ja nicht. Aber das war gut, weil alle das Gleiche gemacht haben. Und die anderen haben mir geholfen hier anzukommen. Wir haben uns gegenseitig unterstützt.

Dr. Möller: Was war im Rückblick während der Therapiezeit wichtig für dich?
Peter: Das hier so viele andere waren, die Therapie gemacht haben. Dass wir uns gegenseitig unterstützt haben, wenn einer angefangen hat Scheiße zu bauen. Dass die anderen gesagt haben, »hör auf.« Dass man gemeinsam was gemacht hat gegen die Langeweile. Die Familientherapie war auch gut, wenn meine Eltern dabei waren. Dass ich das mit meinen Eltern besprechen konnte, wie das ist, wenn ich wieder rauskomme, was wir dann alles machen.

Dr. Möller: Was hat sich im Laufe der Therapie bei dir verändert?
Peter: (lacht) Das ich keine Drogen mehr nehme. In der Schule läuft es viel besser. In meiner Freizeit mache ich viel Sport, das hab ich vorher nicht gemacht. Nach der Therapie bin ich vier Monate zu StepKids gegangen. Da war es ganz gut. Da konnte ich mehr raus. Ich habe keine Drogen genommen. Ich bin rausgeflogen, weil ich jemandem eine gehauen habe. Ich bin zu meinem Vater gekommen. Ich war eine Woche gar nicht draußen. Dann bin ich wieder zu meinen alten Freunden gegangen. Habe wieder angefangen zu kiffen, ähnlich wie früher. Irgendwann haben das meine Eltern gemerkt und ich bin ins Heim gekommen. Da hatte ich wieder Familiengespräche und habe gesagt, dass ich wieder zurück zu meinem Vater möchte. Das habe ich gemacht. Ich habe nicht mehr gekifft, weil ich keine Lust mehr hatte auf den Stress und den ganzen Ärger.

Dr. Möller: Wie sieht es heute in deinem Leben aus?
Peter: Ich nehme überhaupt nichts mehr, auch nicht kiffen. Am Wochenende manchmal bisschen was trinken, ein paar Bier (lacht). Ich glaube, das ist normal in meinem Alter. In der Woche mache ich viel Sport. Das ist das, womit ich mich beschäftige. Was anderes mache ich nicht. Geh zur Schule, esse anschließend was, leg mich schlafen und dann mache ich Sport. Ich besuche eine berufsvorbereitende Schule und mache im Sommer meinen Haupt-

schulabschluss. Danach will ich zum Bund und später eine Lehre als Straßenbauer oder Maurer machen.

Dr. Möller: Wie denkst du rückblickend über deine Drogenzeit?
Peter: Das ist alles ganz schön scheiße. Klar, ich denke oft dran. Aber wenn ich weiß, wie scheiße das ist mit dem Geldbesorgen, Drogenbesorgen, Auf-der-Straße-Rumhängen, habe ich keine Lust mehr drauf.

Dr. Möller: Gibt es etwas in deiner Zeit mit Drogen, wo du im Nachhinein sagst, das war eine gute Erfahrung?
Peter: Nee (lacht). Das kann ich eigentlich nicht sagen.

Dr. Möller: Wie siehst du es im Rückblick, dass du elf Monate Therapie gemacht hast?
Peter: Es war gut, einen Rahmen zu haben, wo ich nicht an Drogen kommen konnte. Hier gab es viel Sport, Einkaufen, Therapie. Das Beste ist, so früh wie möglich in Therapie zu gehen.

Wegen der Drogen habe ich mein Kind weggegeben

Tanja, 17 Jahre
(war insgesamt 12 Monate auf Teen Spirit Island)

Dr. Möller: Tanja, wie bist du zu den Drogen gekommen?
Tanja: Es war größtenteils durch meinen Exfreund und meine Mutter. Ich habe meinen Exfreund kennengelernt, als ich 14 Jahre alt war. Mit ihm habe ich angefangen zu trinken und Gras zu rauchen. Damals fand ich das ganz in Ordnung. Es war noch harmlos. Es hat mir Spaß gemacht, ich habe es nur so getan. Meine Eltern wollten nicht, dass ich Kontakt zu meinem Freund habe, und haben mir den Kontakt verboten. Ich bin mehrmals von zu Hause abgehauen, auch über längere Zeit, weil meine Eltern mich ins Heim stecken wollten. Meine Eltern haben vermutet, dass ich bei meinem Freund bin, konnten aber nichts beweisen. Auch die Polizei, die mehrmals da war, hat mich nicht gefunden. In der Familie meines Freundes waren nicht nur mein Freund, sein Vater, der Onkel, es waren alle drogenabhängig. Bei meinem Freund zu Hause habe ich mitbekommen, wie sich die Erwachsenen Heroin gespritzt haben. Mir wurde erzählt, sie seien zuckerkrank und bräuchten die

Medikamente. Ich habe mir gedacht, die ganze Familie zuckerkrank, das kann gar nicht gehen. Damals hat mich das nicht gestört, ich habe nichts darauf gegeben. Durch seinen Vater hat mein Freund angefangen, Heroin auf Blech zu rauchen. Ich wurde hellhörig, als ich mitbekommen habe, dass mein Freund Motorroller geklaut und in Holland verkauft hat. Mein Freund und seine Familie haben die Drogen in Holland gekauft und wiederverkauft. Ich habe mir was davon genommen. Es hat keiner gemerkt. Ich bin wieder zu meinen Eltern gegangen, weil ich es bei meinem Freund nicht ausgehalten habe. Der war nicht mehr so nett wie am Anfang. Er hat angefangen mich zu schlagen. Er wurde aggressiv, wenn er nicht das bekommen hat, was er wollte. Wenn ich nicht mit ihm geschlafen habe, hat er mich geschlagen. Mein Freund hatte Wahnvorstellungen, ich könnte fremdgehen, und hat mich Tag und Nacht beobachtet. Er saß vor dem Haus, um zu schauen, ob ich herausgehe. Mir hat das gar nicht in den Kram gepasst. Ich war abhängig von ihm. Ich durfte nicht mehr mit anderen Leuten reden. Ich war ganz auf ihn fixiert und wollte nicht mehr mit anderen Menschen reden, weil ich Angst hatte. Wenn ihm etwas nicht gepasst hat, hat er mich geschlagen, mich auf den Kopf gehauen und erst wieder aufgehört, wenn ich auf dem Boden lag und gebettelt habe, er solle aufhören. Keine Ahnung, warum ich mich damals nicht von ihm getrennt habe.

Dr. Möller: Wie ging es weiter?
Tanja: Als ich gerade 15 war, bin ich von meinem Freund schwanger geworden (seufzt). Eigentlich wollte ich das Kind behalten, aber mein Vater war dagegen. Heute kann ich ihn verstehen, warum er dagegen war. Damals war ich ein bisschen dumm und naiv, ich wollte meinen Willen durchkriegen. Meine Mutter hat mich unterstützt. Mein Vater hat gleich gesagt, ich solle abtreiben. Wenn ich zurückdenke, als Fehler empfinde ich das nicht, es war nur zu dem Zeitpunkt falsch. In der Schwangerschaft ging es gut. Ich habe keine Drogen genommen, sogar aufgehört zu rauchen, getrunken habe ich auch nicht mehr. Im Gegensatz zu meinem Freund. Der hat weitergemacht, der hat ständig Zeug genommen. Wenn er etwas genommen hat, war er zufrieden und ruhig, sah gelassen aus und war nett zu mir. Wenn er nichts genommen hatte, kamen bei ihm die Aggressionen hoch und ich denke, er hat sie an mir rausgelassen. Ich habe mein Kind bekommen. In der Zeit habe ich bei meinen Eltern gewohnt. Die haben für mich und den Kleinen alles bezahlt, Pampers, Essen, und ich konnte mein Geld und das Kindergeld sparen. Ich hatte vor, das Geld längerfristig zu sparen. Nach zwei Monaten ist mein Freund in den Knast gekommen, wegen räuberischer Erpressung. Ich habe gedacht, jetzt ist alles vorbei. Ich habe mich allein gefühlt. Ich habe mich mit dem Kind überfordert

gefühlt. Dann war ich ganz alleine. Ich habe mich an den Vater meines Freundes gehalten. Weil ich so viel und so oft mit ihm zusammen war, habe ich mitbekommen, was er treibt. Ich habe mitbekommen, dass er im Methadon-Programm ist. Er hat mir erklärt, was das ist. Ich habe gesehen, dass er Beikonsum hat, habe mich über alles informiert und zugesehen, wie er sich etwas weggemacht hat [Drogen gespritzt hat]. Wenn er sich etwas gespritzt hat, hatte er einen so zufriedenen Gesichtsausdruck, so zufrieden, genau das, was ich immer gesucht habe. Es wirkte, als ob alles leichter für ihn ist. Ich habe das selbst ausprobiert. Habe ihm Methadon weggenommen und es mir gespritzt. Damit fing das bei mir richtig an. Das habe ich eine Zeit gemacht. Dann kam der Onkel meines Freundes und fragte mich, ob er sich bei mir was wegmachen kann. Ich habe gesagt, ja, mach doch, und ihn gefragt, ob er mir etwas abgeben könnte. Das tat er. Ich habe das erste Mal Heroin gespritzt. Es war gut, ich fand das besser als Methadon. Deshalb bin ich dabei geblieben. Mit dem Onkel meines Freundes bin ich öfters nach Holland gefahren und habe mir etwas geholt. Unter Heroin war ich zufrieden, ich war ruhig, alles ist mir viel leichter gefallen, zum Beispiel mit meiner Mutter zu reden. Es hat mich nichts mehr angenervt. Ich war teilweise auch gleichgültig. Wenn das Kind geschrien hat, hat es mir nichts ausgemacht. Ich konnte mich ganz ruhig mit ihm hinsetzen und mit ihm spielen. Das konnte ich vorher nicht. Es hat mir Sicherheit gegeben. Alles um mich herum ist nicht so wichtig, Hauptsache ich habe meine Drogen. Der Onkel hat mir den Stoff umsonst gegeben. Ich habe dafür dem Vater meines Freundes das Methadon weggenommen. Habe Wasser nachgefüllt und dem Onkel meines Freundes Methadon gegeben, wenn er keinen Stoff hatte.

Irgendwann hat mir das nicht mehr gereicht. Ich bin mit dem Vater meines Freundes zusammengekommen. Habe mir gedacht, wenn ich seine Freundin bin, habe ich mehr Einfluss auf seinen Stoff. Ich habe gesagt: »Gib her, ich passe auf die Drogen auf, damit du für den nächsten Tag noch etwas hast.« Habe mir natürlich selbst etwas davon genommen, ohne dass er es gemerkt hat. Habe mich bei dem Vater meines Freundes wohl gefühlt. Ich hatte das Gefühl, er versteht mich. Gleichzeitig war er für meinen Kleinen eine Vaterfigur. Er hat auch mit meiner Mutter geredet und sie besänftigt, wenn sie gerade mal wieder sauer auf mich war. Das kam mir alles wie gerufen. Es gab Zeiten, da habe ich gedacht, besser kann es gar nicht laufen. Irgendwann bin ich an mein Konto gegangen, wo ich mein ganzes Geld sparen wollte. Das habe ich nicht geschafft. Ich bin nach Holland gefahren und habe mir etwas geholt. Manchmal habe ich so viel gespritzt, dass ich bewusstlos auf dem Boden lag. Ich bin irgendwo in einem Zimmer eingeschlafen und habe vorher die Türe abgeschlossen. Die anderen haben an der Türe geklopft oder durch das gekippte Fenster Sachen auf mich geworfen, damit ich wieder aufwache. Die haben gedacht ich sei tot. Ich bin zu Hause rausgeflogen. Ich habe meine Sachen gepackt und bin zur Familie meines Freundes gezogen. Das war noch besser, da haben sich die anderen um meinen Kleinen gekümmert. Ich hatte genug Zeit für mich selber und die Drogen. Ich hatte für alles Zeit, nur nicht für mein Kind. Ich war richtig abhängig. Wenn ich nichts hatte, konnte ich mein Kind nicht ertragen.

Ich habe mich mit Tabletten runterdosiert und bin ins Mutter-Kind-Heim gegangen. Da war ich zwei Monate und war clean [ohne Drogen]. Irgendwann habe ich mit dem Vater meines Freundes telefoniert und er hat mir Stoff vorbeigeschickt. Habe mir zu viel gespritzt und bin mit einer Überdosis ins Krankenhaus gekommen. Die Mitarbeiter vom Mutter-Kind-Heim haben mitbekommen, dass ich drogenabhängig bin, und mich in Entgiftungen geschickt. Aus der ersten Entgiftung bin ich rausgeflogen, weil ich Diazepam-Ampullen [Valium] geklaut habe. In der zweiten Entgiftung war ich neun Wochen. Das klappte recht gut, ich fühlte mich nicht mehr abhängig und hatte keinen Drang nach Drogen. Damals war die Entscheidung vom Jugendamt schon klar, dass ich mein Kind in eine Pflegefamilie geben soll. Ich habe gedacht, gut, ich schaffe es nicht, bevor mein Kind noch mehr mitbekommen muss. Kurz darauf habe ich einen Zettel unterschrieben, dass mein Kind in eine Pflegefamilie kommt. Darauf habe ich mein Sparbuch genommen, bin aus dem Mutter-Kind-Heim abgehauen und nach Holland gefahren. Eine Woche war ich mit dem Geld gut bedient. Ich war nicht auffindbar. Alle haben gedacht, ich sei schon tot, weil das Gerücht herumging, ich würde nach Holland fahren, um mich umzubringen. Einige Male habe ich versucht mich umzubringen, aber es hat nicht geklappt. Es hat wohl nicht gereicht (seufzt).
Ich kam über das Mutter-Kind-Heim in eine WG, wo ich die Schule weitermachen sollte. Dort habe ich es keine 24 Stunden ausgehalten. Bin abgehauen, habe mein Geld genommen und bin nach Holland gegangen. Nach drei Wochen habe ich bei meinen Eltern angerufen und gefragt: »Mama, kannst du mich wieder zu Hause aufnehmen?« Meine Mutter hat mich wieder aufgenommen. Zu Hause war das Theater. Meine Mutter hat mir Vorwürfe gemacht, warum ich mein Kind weggegeben habe, warum ich diesen Freund habe, warum ich Drogen genommen habe. Das ist mir zu viel geworden, ich konnte es nicht mehr. Man kann auch sagen, ich war zu feige, mich meinen Fehlern zu stellen. Ich bin wieder nach Holland abgehauen und habe mir Stoff geholt. Bin mit Zigarette in der Hand eingeschlafen, mein halbes Bett ist mit mir abgebrannt. Meine Eltern haben gesagt, jetzt reicht es, und mich gefragt, ob ich wieder Drogen nehme. Ich habe geantwortet: »Nein, mir geht es gut.« Zwei

Wochen später habe ich zu meiner Mutter gesagt, »Mama, ich kann nicht mehr.« Meine Mutter hat mir Hilfe besorgt. Bis ich auf Teen Spirit Island aufgenommen werden konnte, wurde ich mit Medikamenten substituiert.

Dr. Möller: Tanja, wie bist du aufgewachsen?
Tanja: Viele Erinnerungen habe ich nicht an früher. Als ich ein paar Tage alt war, wurde ich von meinen Pflegeeltern adoptiert. Als ich 11 Jahre alt war, haben mir meine Eltern gesagt, dass ich nicht ihr richtiges Kind bin. Meine leibliche Mutter konnte mich nicht haben. Sie war mit einem Mann zusammen, der hat sie geschlagen. Dieser Mann hat schon vier Kinder gehabt. Er hat zu meiner leiblichen Mutter gesagt, entweder das Kind oder er. Meine leibliche Mutter hatte damals keine Arbeit, hat getrunken und wollte sich ein besseres Leben ermöglichen. Mich hat sie zur Adoption freigegeben.

Dr. Möller: Wie bist du bei deinen Adoptiveltern aufgewachsen?
Tanja: Wenn ich zurückdenke, glaube ich, dass ich kein einfaches Kind war. Ich war nicht die Schlaueste, ich war auch nicht die Fleißigste, ich habe gerne Notlügen benutzt, wenn ich zu spät kam oder irgendwelche Dinge angestellt hatte. Wenn ich meine beiden Geschwister anschaue, die bringen gute Noten nach Hause, auf die konnte man sich verlassen. Meine beiden Geschwister sind leibliche Kinder meiner Adoptiveltern. Ich bin total aus der Rolle gefallen, war das schwarze Schaf.
Zu Hause gab es Stress zwischen meinen Eltern. Die haben sich ständig gestritten, so dass meine Mutter nervlich am Ende war. Sie war am Weinen und am Schreien. Ich sehe noch meinen Vater, der saß oft stur vor dem Fernseher, meine Mutter sitzt auf dem Sofa und schreit und heult. Meine Mutter ist nervlich nicht belastbar, sie ist so gut wie gar nicht belastbar. Sie nimmt viele Tabletten, Antidepressiva und andere Sachen, damit sie auf dem Teppich bleibt, damit sie nichts aus der Ruhe bringt. Als ich neun oder zehn Jahre alt war, war meine Mutter stationär in der Klinik. Ich glaube sie hat es zwei Monate ausgehalten (lacht), denn meine Mutter ist kein Mensch, der es lange weg von zu Hause aushält. Sie muss die gewohnte Umgebung um sich haben, sonst dreht sie durch. Sie schreit und heult dann, schreit alles und jeden an, was ihr gerade über den Weg läuft. Da ist klar, dass ich darunter leiden musste. Meine Mutter war nie eine Person für mich, mit der ich über mich und meine Probleme reden konnte. Ich fühlte mich von ihr nicht ernst genommen und verstanden. Es ging immer nur um ihre Probleme. Wenn ich von meinen angefangen habe, hat sie übergeleitet zu ihren. Ich fange doch nicht an zu reden, damit ich dann bei ihren Problemen lande. Ich war so etwas wie eine Gesprächspartnerin für sie. Es war keiner mehr da, es wollte keiner mehr

hören. Mein Vater war weg, mein Bruder wollte es nicht mehr hören. Dann war ich an der Reihe. Als ich 14 oder 15 Jahre alt war, hat mein Vater eine andere Freundin kennengelernt und war nur noch sporadisch zu Hause. Solange ich denken kann, war mein Vater nur am Wochenende zu Hause. Ganz früher, als ich noch in den Kindergarten ging, war er auch manchmal abends zu Hause. Mein Vater hat sich aus der Erziehung total rausgehalten.

Dr. Möller: Wenn du an die Therapiezeit zurückdenkst, was hat dir auf Teen Spirit Island geholfen?
Tanja: Ich habe hier Leute gesehen, die es geschafft haben, und andere, die gesagt haben, ich will nicht mehr, lasst mich gehen. Ich wollte nicht eine von denen sein, die sagt, »lasst mich in Ruhe, ich will gehen.« Ich wollte eine von denen sein, die sagen kann, »ich habe es geschafft und gehe mit einer regulären Entlassung.« Hier waren viele Menschen, die gezeigt haben, dass sie sich wirklich für mich interessieren, die mir das Gefühl gegeben haben, dass ich etwas Wert bin. Das war für mich eine ganz neue Erfahrung. Wenn es mir nicht gut ging, wurde nachgefragt, was ich habe, bis es endlich raus war, nicht nach dem ersten oder zweiten Mal »mir geht es gut« zu sagen, na dann geht es dir eben gut. Wichtig waren auch die Mitpatienten. Ich glaube, hier hat jeder jeden unterstützt, das hat mir sehr geholfen. Es gab Leute, die mochte ich, und andere, die mochte ich nicht so gerne. Aber auch bei denen, die ich nicht mochte, habe ich versucht sie hier zu halten, wenn sie gehen wollten. Umgekehrt haben die zu mir gesagt, wenn ich keinen Bock mehr hatte und gehen wollte, hör mal, mach doch weiter, du hast es bald geschafft.

Dr. Möller: Wie sieht dein Leben zurzeit aus?
Tanja: Ich lebe in einer Wohngemeinschaft, ziehe aber bald in betreutes Wohnen. Ich mache Schule und plane einen Schulabschluss. Seitdem ich die Therapie abgeschlossen habe, nehme ich keine Drogen mehr. Ich kann mit Geld umgehen. Wenn ich Geld in der Hand habe, muss ich nicht gleich an Drogen denken. Neben der Schule mache ich noch ein Praktikum. Nach der Entlassung habe ich für einige Monate gearbeitet. Mein Ziel ist, meine Wohnung irgendwann selbst bezahlen zu können, ohne vom Sozialamt abhängig zu sein. Irgendwann will ich eine kleine Familie gründen, aber ganz weit weg.

Dr. Möller: Wenn du an deine Zeit mit Drogen zurückdenkst, gibt es etwas Positives daran?
Tanja: Meine Erfahrung, die ich mitnehme, ist, dass ich weiß, dass es immer noch schlechter kommen kann. Egal ob man denkt, jetzt kann es nicht mehr schlechter werden, es kann immer noch schlechter werden. Ich habe vieles

mitgenommen, was mich hindert, noch einmal Drogen zu nehmen. Wegen der Drogen habe ich mein Kind weggegeben. Es war mir damals nicht so wichtig wie die Drogen. Ich habe eine Hepatitis bekommen wegen der Drogen. Man sollte einfach keine Drogen nehmen, man kann sich überall Hilfe holen, aber nicht bei den Drogen. Da reißt man sich und alles andere noch viel tiefer hinein.

Anfangs hat es Spaß gemacht und geholfen zu vergessen

Thomas, 16 Jahre
(war insgesamt 10 Monate auf Teen Spirit Island)

Dr. Möller: Thomas, wie bis du zu den Drogen gekommen?
Thomas: Angefangen hat es mit 12 Jahren. Ich hatte viel Stress zu Hause und in der Schule. Habe mit Freunden rumgehangen und angefangen zu rauchen, zu saufen und zu kiffen. Später habe ich dann Ecstasy, LSD und Speed genommen. Mit 13 Jahren wurde es richtig krass. Gekifft habe ich jeden Tag 4 bis 5 g. Ecstasy habe ich jeden zweiten Tag bis zu sieben Pillen genommen, vor allem am Wochenende. LSD und Speed habe ich auch genommen, das aber nicht so häufig, wegen der Wirkung. Das war krass. Es war nicht so, dass ich Halluzinationen hatte und kleine Männchen gesehen habe, aber die Wände haben sich bewegt, der Raum ist größer und kleiner geworden, die Wahrnehmung war irgendwie anders. An Ecstasy habe ich gemocht, dass es stimuliert hat, ich fröhlich war, guten Kontakt zu anderen hatte. Ich habe am Wochenende oft eine Nacht durchgetanzt und mich am nächsten Morgen ins Bett gehauen. Cannabis habe ich gebraucht, um wieder runterzukommen, abzuschalten, zu schlafen. Ich habe 1 g auf einen Joint genommen, da war ich richtig breit. Bin im Stuhl nach hinten gesackt und musste mich anstrengen, den Kreislauf wieder in Gang zu bringen. Es war mir alles egal, ich habe abschalten können. Vergessen können, den Stress zu Hause mit meinen Eltern und in der Schule. Alles war weit weg. Ich habe nur noch mich gefühlt. Zwischendurch habe ich Bier getrunken, gelegentlich auch Wodka. Das war aber mehr zum Zeitvertreib. So richtig Komasaufen habe ich nicht gemacht. Eigentlich hatte ich mit dem Alkohol kein wirkliches Problem. Wenn man länger kifft, wird man ganz schön down. Bei mir war das so: Ich habe Ecstasy und Speed gebraucht um hoch zu kommen, um high zu werden, mit Cannabis habe ich mich wieder down geholt und runtergefahren. Um das Geld für die Drogen

zu beschaffen, habe ich Einbrüche gemacht, bin in Häuser eingestiegen, habe mir das Geld genommen und was da sonst noch herumlag, Computer, Handys uns so, und Leute abgezogen. Bin zu Kleineren und Schwächeren hingegangen, habe gesagt, gib mir dein Geld und dein Smartphone, sonst gibt es ein paar. Ich hatte auch Waffen mit, Messer und Gas. Das ging so über vier Jahre.

Dr. Möller: Thomas, wie bist du aufgewachsen?
Thomas: Die ersten neun Jahre waren schön. Wir haben als Familie zusammengehalten. Zu meinem Vater habe ich im Nachhinein nie eine richtige Beziehung gehabt. Es war nie eine richtige Vater-Sohn-Beziehung. Als ich neun Jahre alt war, haben meine Eltern eine Gaststätte übernommen. Sie waren von morgens zehn Uhr bis nachts um fünf Uhr beschäftigt und hatten keine Zeit für mich. Ich war den ganzen Tag alleine. Wenn ich etwas von meinen Eltern wollte, musste ich zur Gaststätte gehen. Anfangs habe ich das gemacht. Dann hatte ich keinen Bock mehr darauf. Ich habe begonnen, mir Freunde zu suchen, möglichst viele, egal welche, Hauptsache, ich war weg und hatte eine Beschäftigung. Wenn ich Hausaufgaben machen musste, war ich auf mich alleine gestellt oder bin zu meiner Schwester gegangen. Mit meinen Eltern gab es nur noch Zoff und Streit. Einmal habe ich mich mit meinem Vater nachts geprügelt. Auch unter meinen Eltern gab es Zoff.
Als ich ungefähr zwölfeinhalb Jahre alt war, ist mein Vater ausgezogen, kurz nach dem Krach, wo ich mich mit meinem Vater geschlagen habe. Ich bin von zu Hause abgehauen und zu einer Freundin gegangen. Dort war ich für vier Wochen. Mein Vater wusste nicht, wo ich bin. Mit meiner Mutter habe ich mich einmal die Woche getroffen. Nach den vier Wochen bin ich zurückgezogen. Zu Hause gab es immer mehr Stress. Einmal bin ich von der Polizei nach Hause gebracht worden, weil ich ein Fahrrad geklaut habe. Von der Schule gab es Druck, weil ich ein halbes Jahr nicht mehr dort war. Einmal bin ich volltrunken im Krankenhaus gelandet, das gab Stress am nächsten Tag. Irgendwann wusste meine Mutter nicht mehr weiter und hat gesagt, »so, jetzt ist Schluss« und hat sich an das Jugendamt gewandt. Daraufhin bin ich in vier oder fünf Heime gekommen. Zuerst war ich in einer Übergangsfamilie für sechs Wochen. Dort bin ich rausgeflogen, weil ich getrunken und gekifft habe. Von da aus bin ich in ein richtiges Heim gekommen. Dort war ich ein gutes Jahr. Es war eigentlich ganz gut. In der Zeit habe ich vor allem LSD genommen und andere Drogen. Das war richtig krass. Da waren viele, die auch Drogen genommen haben. Irgendwann hatte ich Stress mit dem Gesetz, und der Richter hat mich zu einer Entgiftung verdonnert. Ich war sechs Wochen in der Entgiftung. Anschließend bin ich in eine andere Stadt in ein Heim gekommen. Dort habe ich ein Praktikum in der Schreinerei gemacht. Ich habe anfangs

keine Drogen genommen. Irgendwann hat ein Arbeitskumpel mir etwas angedreht. Es ging wieder los. Von dort aus bin ich zu Teen Spirit Island gekommen.

Dr. Möller: Was hat dir in der Therapie geholfen?
Thomas: Gut war, dass wir den ganzen Tag beschäftigt waren, dass wir etwas machen mussten, von morgens bis abends. Am schwierigsten war die Mittagszeit. Da gab es nichts zu tun und ich bin schnell auf dumme Gedanken gekommen. Gut war auch, dass die Fenster nicht einfach aufzumachen waren und dass um das Gelände ein Zaun ist. Wäre das nicht gewesen, wäre ich jeden Abend abgehauen. Gut waren die Aktivitäten wie das Klettern. Das hat Spaß gemacht. Wichtig waren die Kontakte zu den anderen Jugendlichen, dass man sich gegenseitig unterstützt hat.

Dr. Möller: Thomas, du hast die Therapie mehrmals abgebrochen. Wie siehst du das im Nachhinein?
Thomas: Anfangs wollte ich nicht hier sein. Ich habe es nur für die anderen gemacht. Das ist schwierig. Für mich war es wichtig, von meinen Eltern Druck zu bekommen und vom Jugendamt. Sonst hätte ich das nicht durchgehalten. Einmal bin ich zu meinem Vater gezogen. Nach drei Wochen habe ich festgestellt, dass es mit uns beiden nicht geht. Ich glaube, wenn ich diese Erfahrungen nicht hätte machen können, wäre ich heute wieder drauf oder noch öfter rückfällig geworden.

Dr. Möller: Wie ging es nach der Therapie weiter?
Thomas: Nach der Therapie bin ich für drei Monate zu StepKids gegangen und von da aus in betreutes Wohnen. Bei StepKids hatte ich noch zwei Rückfälle. Seitdem bin ich clean. Jetzt lebe ich in meiner eigenen Wohnung, bekomme das mit dem Geld und dem Haushaltführen gut hin. In der Schule bin ich rausgeflogen wegen zu langer Fehlzeiten. Will jetzt wieder in die Schule einsteigen und meinen Schulabschluss fertig machen. Das ist blöd, wenn ich bedenke, dass ich jetzt bald fertig wäre. Aber so ist das bei mir. Schwierig ist manchmal, dass mich die Leute als Drogi abstempeln, wenn sie hören, dass ich Therapie gemacht habe und drogenabhängig war. Irgendwo bin ich es ja noch, auch wenn ich keine Drogen mehr nehme. Das ist anfangs schwer. Doch bei den meisten legt sich das, wenn ich ihnen erkläre, was ich in der Therapie gemacht habe.

Dr. Möller: Gibt es etwas, was du im Nachhinein an deiner Drogenzeit schätzt?
Thomas: Anfangs hat das ja Spaß gemacht und hat geholfen zu vergessen.

Durch die Drogen habe ich viel Therapieerfahrung gesammelt, das sagen mir manchmal die Sozialpädagogen. Ich finde das gut. Wenn ich wollte, könnte ich die verarschen. Das ist eine Sache, die ich im Nachhinein schätze.

Ich war ganz allein

Sabine, 16 Jahre
(war 10 Monate auf Teen Spirit Island)

Dr. Möller: Sabine, wie bist du zu den Drogen gekommen?
Sabine: Das hat bei mir mit 13 Jahren angefangen. Die ersten Kontakte mit Alkohol hatte ich schon vorher, zum Beispiel Silvester. Mit 13 Jahren war bei mir Party angesagt. Auf den Partys konnte ich verschiedene Dinge ausprobieren. Anfangs war es zum Gute-Laune-Machen und Spaßhaben. Später auch gegen Langeweile. Anfangs habe ich mit einer Freundin getrunken, wenn es langweilig war. Später habe ich ganz alleine getrunken, wenn ich Langeweile hatte und mit mir nichts anzufangen wusste. Morgens bin ich in die Schule gegangen, nüchtern. Wenn ich nach Hause gekommen bin, war mir in der Regel langweilig. Bin dann zum Supermarkt gegangen. Dort habe ich mir ein oder zwei Sechser [6er-Pack] Bier gekauft, je nachdem, wie viel ich haben wollte. Oder eine Flasche Sekt. Zu Hause habe ich getrunken und dabei ferngeguckt und Hausaufgaben gemacht. Meine Mutter kam gegen 16 oder 17 Uhr nach Hause. Bis dahin musste ich die Sachen gut versteckt haben. Meine Mutter fand das nicht so toll und hat mir den Alkohol gerne weggenommen. Das sollte sie nicht. Ich habe die Flaschen in meinem ganzen Zimmer verteilt, in Schränken, in Schubladen, im Sofa, in meinen Spielsachen oder im Keller. Gegen Ende habe ich nur noch alleine getrunken. Ich habe zwei bis drei Liter Bier täglich getrunken. Anfangs hatte ich zwei Freundinnen mit denen ich oft besoffen unterwegs war. Wir haben gerne eine Flasche Wodka auf ex geleert und sind dann durch die Straßen gezogen. In den Clubs bekommst du ja nichts, die wollen ja gleich einen Ausweis sehen. Aber vorm Supermarkt findest du immer jemanden, der dir den Alkohol besorgt. Der bekommt dann was ab und alle sind zufrieden. Die eine hatte einen Freund, mit dem sie immer mehr gemacht hat. Die andere hat sich von mir zurückgezogen und ließ sich nicht mehr motivieren, mit mir etwas zu machen. Ich war ganz alleine. Ich habe mich allein gelassen gefühlt. Ich hatte keine Lust, den anderen hinterherzurennen. Anfangs habe ich das versucht. Ich habe mir gedacht, dann trinkst du

eben alleine.
Vieles hat mir keinen Spaß mehr gemacht. Ich war traurig, dass es so weit gekommen ist. In der Schule bin ich schlechter geworden. Mit meiner Mutter habe ich Stress gehabt. Meine Freundinnen waren weg. Das hat mich alles sehr deprimiert und traurig gemacht. Ich wusste nicht, wie ich es alleine besser machen kann. Ich habe meinen Kummer dann runtergespült. Damit ging es mir gut. Ich hatte wieder Spaß am Leben. Ich konnte auf alle Leute zugehen und Kontakte knüpfen. Auch wenn es nur für einen Abend war. Mit dem Trinken habe ich wieder gelebt. Das war ein gutes Mittel für mich.

Dr. Möller: Wie hat deine Mutter reagiert?
Sabine: Sie hätte es gerne verhindert. Sie hat es auch versucht und mir den Alkohol weggenommen, mir kein Taschengeld gegeben. Das hat nichts genutzt. Wenn ich kein Geld bekommen habe, musste ich sie beklauen. Ich habe mir den Alkohol trotzdem geholt und mir nichts wegnehmen lassen. Meine Mutter hat versucht mich einzusperren, damit ich nicht weggehen kann. Mit 13 Jahren hat das auch funktioniert. Als ich älter wurde, habe ich mir das nicht mehr gefallen lassen. Ich habe bei meiner Mutter Stunk gemacht, bis sie mir den Schlüssel gegeben hat. Das fand ich schade, aber das konnte ich mir einfach nicht gefallen lassen. Dann bin ich gegangen und erst am nächsten Tag wiedergekommen. Mit 13 Jahren bin ich öfter für eine Nacht abgehauen. Die Leute, bei denen ich war, das waren komische Leute. Die waren älter als ich und hatten alle etwas mit Drogen zu tun. Meine Mutter kannte das mit dem Alkohol von meinem Vater. Anfangs hat sie mir gesagt: »Trink nicht so viel«. Sie hatte die Einstellung, Kinder müssen das ausprobieren. Meine Mutter wollte nicht, dass ich so viel trinke und mit anderen trinke. Anfangs hat sie das beobachtet. Meine Mutter hat immer gemerkt, wenn ich betrunken war. Aber sie hat nicht immer etwas gesagt. Sie kannte das ja von meinem Vater. Meine Mutter hat es niemandem erzählt, erst später, als sie ganz verzweifelt war. Meine Mutter hat versucht, Grenzen zu setzen. Aber sie musste mitmachen. Ich wollte damals von zu Hause weg. Ich hatte die Hoffnung, mit ein bisschen Abstand klappt es besser zwischen mir und meiner Mutter.

Dr. Möller: Wie bist du aufgewachsen?
Sabine: Ohne Geschwister, nur meine Mutter und ich. Meine Eltern haben sich scheiden lassen, als ich drei Jahre alt war. In meiner Erinnerung waren die ersten drei Jahre schön. Meine Eltern haben mir erzählt, dass sie sich viel gestritten haben. Mein Vater war viel weg, ist oft nicht nach Hause gekommen. Er war oft betrunken und aggressiv. Meine Mutter hat mir das erzählt. Meine Mutter hatte Angst vor meinem Vater und hat sich öfter einge-

schlossen. Für mich ist die Zeit in der Erinnerung schön. Damals waren wir noch zu dritt. Ja, und dann war er weg. Ich konnte damit umgehen, weil mein Vater schon vorher häufig weg war. Nur dann war er eben für länger oder für immer weg. Er hat woanders gewohnt und dort habe ich ihn besucht. Meine Eltern haben sich getrennt, weil mein Vater immer so aggressiv war und meine Mutter mit einer anderen Frau betrogen hat. Mein Vater ist damals in sein Heimatland gegangen, hat sich dort verliebt und mit dieser Frau eine neue Familie gegründet. Meine Mutter hat mich alleine großgezogen. Anfangs war alles in Ordnung. Wir hatten öfter Besuch und ich habe mit anderen Kindern gespielt. Als ich die Schule gewechselt habe, sind die Kontakte meiner Mutter auseinandergegangen. Es gab Missverständnisse, über meine Mutter wurde komisch geredet und es gab Gerüchte. So sind die Kontakte auseinandergegangen. Meine Mutter war ganz alleine, hatte nur noch ihre Verwandten, die weit weg wohnten. So ist es eine lange Zeit geblieben. Es sind keine Freunde mehr zu Besuch gekommen. Das war nicht schön. Meine Mutter war immer zu Hause und hat mir leidgetan. Sie wusste auch nicht, was sie machen soll, hat ferngeschaut, sie ist nicht rausgegangen, hatte keinen Spaß. Ich war die Gesellschaft für meine Mutter. Sie hat mir vieles erzählt, was ich gar nicht wissen wollte, wie über ihren Stress am Arbeitsplatz. Ich war die Gesprächspartnerin für meine Mutter, damit ging es mir nicht gut. Ich wollte meine Mutter nicht so schwach und gestresst erleben, das fand ich nicht gut. Meine Mutter hat auch getrunken, aber in Maßen. Ich glaube, sie wollte es nicht so wie mein Vater machen. Und meine Mutter musste für mich da sein. Sonst hätte sie es auch so wie mein Vater machen können.
Der Kontakt zu meinem Vater ging langsam auseinander. Mein Vater wollte, dass ich ihn anrufe und mich von mir aus melde. Dazu hatte ich keine Lust. Das ist bis heute so. Wir haben uns seltener gesehen. Mein Vater hat aufgehört zu trinken und ist bis heute trocken. Ich habe meinen Vater einmal monatlich gesehen und war daran gewöhnt, Geschenke zu bekommen. Wenn ich zu meinem Vater gekommen bin, sollte ich ihm immer meine Zeugnisse und Klassenarbeiten zeigen und kopieren. Das hat meinen Vater interessiert. Bis zur 10. Klasse habe ich das gemacht. Dann hatte ich dazu keine Lust mehr und meine Zensuren wurden auch schlechter. Fünfen habe ich ihm nie mitgebracht. Außer seinem Interesse an meinen schulischen Leistungen haben wir uns sehr voneinander entfernt. Er weiß gar nicht, wer ich bin, was ich für Pläne habe, was ich gerne mache. Manchmal fragt mein Vater nach Freundinnen, die ich gar nicht mehr habe, oder nach Mama. Aber wichtig war ihm, dass ich gute Leistungen in der Schule habe, damit ich später studieren kann, am besten den gleichen Beruf wie er. Damit ich es später einmal besser machen kann als er. Er hat studiert und einen Beruf gelernt, aber später nie in

diesem Beruf gearbeitet. Bis heute rennt er seinem Beruf hinterher, hat nur etwas Ähnliches oder etwas ganz anderes gemacht.

Dr. Möller: Wie hast du es erlebt, dass deine Eltern aus zwei verschiedenen Kulturkreisen und Kontinenten kommen?
Sabine: Für mich war das normal. Aber das war schon ein bisschen blöd. Ich war immer exotisch. Bei Freunden war ich anders, das war nicht schön. Die anderen wollten, dass ich etwas auf meiner Sprache sage. Ich hatte gar keine andere Sprache außer Deutsch. Ich hatte immer eine andere Position. Ich war nicht wie die anderen und bin ein bisschen aus dem Rahmen gefallen. Das hat mir nicht gefallen. Ich wollte so sein wie alle anderen. Die anderen meinten immer, ich sei etwas Besonderes und von mir würde etwas Besonderes kommen. Manchmal haben sie gesagt, tanz doch mal, du hast das im Blut. Ich habe nie getanzt und ich tanze bis heute nicht.
Ich habe äußerlich viele Ähnlichkeiten mit meinem Vater und auch vom Charakter. Ich habe meine Mutter immer an meinen Vater erinnert. Das Trinken kam noch dazu. Das war sicherlich nicht schön für meine Mutter und sie hat oft meinen Vater in mir gesehen. Meine Mutter hat sich von mir angegriffen und bedroht gefühlt, als ob ich ihr ganz viel wegnehmen würde. Ich habe eine ganz normale Frage gestellt und meine Mutter hat sehr heftig reagiert. Das fand ich schlimm. Das musste von meinem Vater kommen, weil mein Vater früher dies und das gemacht hat.

Dr. Möller: Was war während der Therapie wichtig für dich?
Sabine: Mir hat geholfen, dass man versucht hat, mich aus mir herauszuholen. Ich habe gerne vieles verheimlicht. Ich habe die Dinge nicht angesprochen. Hier auf Teen Spirit Island ging das nicht. Hier ist das den Betreuern aufgefallen, die haben mich darauf angesprochen und es ist zur Sprache gekommen. In dem Moment war das nicht schön. Ich fand das gar nicht toll. Ich habe mich darüber geärgert. Aber dann habe ich es erzählt und das war gut. Das hatte oft etwas mit meinen unterdrückten Gefühlen zu tun. Die kamen alle hoch und ich war deprimiert und traurig. Aber danach ging es mir besser, weil es draußen war. Ich habe angefangen, mehr von mir zu zeigen, die anderen konnten mich dadurch besser verstehen. Die anderen Jugendlichen, meine Freundinnen, haben mir geholfen. Man braucht eine Freundin. Mit der konnte ich rumalbern und Spaß haben. Wir haben uns gegenseitig geholfen. Die anderen Jugendlichen können vieles ganz anders verstehen und aufnehmen. Man hält auch besser durch, wenn man sich gegenseitig hat. Gut war es meinen Bezugsbetreuer zu haben, mit dem ich reden konnte. Gut waren die Aktivitäten, wie das Klettern und die Fahrten zum Ith [Klettern am Felsen]. Wichtig war für

mich der kreative Bereich. Ich habe entdeckt, dass ich das Malen für mich nutzen kann. Ich habe entdeckt, dass ich meine Gefühle in Bildern ausdrücken kann. Das war mir vorher nicht klar. Ich konnte mich nicht so gut ausdrücken und habe das Malen für mich in der Therapie verstärkt genutzt. Wenn ich keine Worte hatte mitzuteilen, wie es mir ging, habe ich ein Bild gemalt. Dort hat man es bunt auf weiß gesehen.

Dr. Möller: Wie bist du in die Therapie gekommen?
Sabine: Der Vertrauenslehrer hat zu mir Kontakt aufgenommen. Als er erfahren hat, wie es mir geht und wie viel ich trinke, hat er mir empfohlen, eine stationäre Therapie zu machen. Vor der Therapie habe ich mit meiner Mutter eine Familienberatung aufgesucht. Das war nicht verkehrt. Die Therapie auf Teen Spirit Island wollte ich selber.

Dr. Möller: Wie sieht dein Leben jetzt aus?
Sabine: Nach der Therapie war ich für ein Jahr in einer WG und seitdem lebe ich in einer eigenen Wohnung. Das ist gut so. Ich bekomme das hin. Ich gehe zur Schule und bereite mich auf mein Abitur vor. Ich bin trocken und trinke keinen Alkohol mehr.

Kiffen in zweiter Generation

Alisha, 16 Jahre
(war 6 Monate auf Teen Spirit Island und 7 Monate bei StepKids)

Dr. Möller: Alisha, wie bist du zu den Drogen gekommen?
Alisha: Meine beiden Eltern haben selber sehr viel Drogenerfahrung. Mein Vater saß deshalb im Knast. Auch mein Bruder hat sehr früh mit dem Drogenkonsum begonnen. Drogen lagen bei uns zu Hause einfach so rum. Im Alter von 11 Jahren habe ich mir die Drogen zu Hause genommen und das Ganze ausprobiert. Mit 11 Jahren habe ich meinen Freund kennen gelernt, der mir die Drogen besorgt hat – alles und so viel ich wollte. So bin ich da reingerutscht. Aber hauptsächlich durch meine Eltern.

Dr. Möller: Was hast du für Drogen genommen?
Alisha: Neben Alkohol fing ich mit Gras an [Cannabis]. Das habe ich durchgehend genommen. Aber auch Amphetamine und Ecstasy. Neben Gras war ich

auch abhängig von Kokain. Einzuschätzen, wie viel Gras ich genommen habe, ist schwer, denn ich durfte so viel rauchen, wie ich wollte. Ich habe es ja sowohl zu Hause als auch bei meinem Freund bekommen. Morgens, wenn ich aufgestanden bin, habe ich den ersten Kopf geraucht [Cannabis geraucht] und ab dann jede viertel Stunde einen Kopf. Außer wenn ich in die Schule gegangen bin, da konnte ich nur in den Pausen, also alle 45 Minuten, rauchen. Am Tag waren das 7 bis 10 g. Kokain habe ich anfangs nur wenig genommen, das steigerte sich dann. In meiner krassesten Zeit habe ich bis zu 5 g Kokain am Tag genommen. Da habe ich aber auch Leute mitziehen lassen.

Dr. Möller: Alisha, was hat dich damals gereizt Drogen zu nehmen?
Alisha: Schon in der Grundschule habe ich gewusst und gemerkt, dass meine Eltern irgendwie anders sind als andere Eltern, was ich aber auch an meinen Eltern mochte. Dieses Geheimnisvolle an meinen Eltern, dass sie etwas machen, ohne dass ich genau weiß, was sie eigentlich machen. Später war mir dann klar, was sie machen, und irgendwie wollte ich ein bisschen sein wie meine Eltern. Meine Eltern sind ja ein Vorbild für mich. Ich wollte ausprobieren, wie es mir damit geht. Dadurch kam ich mir auch besser und höher vor als die anderen Leute in meinem Alter.
Durch die Drogen konnte ich vergessen, was meine Eltern mir angetan haben. Da ging es mir zumindest kurzzeitig besser. Wenn ich das jetzt im Nachhinein, nach einer Therapie, sehe, so merke ich deutlich, dass mir die Drogen damals nicht wirklich geholfen haben. Außer dass ich durch die Therapie das Gefühl habe, weiter zu sein als andere in meinem Alter, denen nichts passiert ist, die nichts Schlimmes erlebt haben. Da habe ich das Gefühl, im Kopf weiter zu sein. Dadurch, dass meine Eltern Kokain genommen haben, habe ich nicht so viel Liebe bekommen. Wenn ich gekifft habe, hatte ich so ein wohles Gefühl im Bauch, das war die Liebe, die ich mir genommen, aber nicht bekommen habe. Ich bin mit 13 vergewaltigt worden. Auch das konnte ich mit Hilfe der Drogen gut vergessen, weil mein Körper betäubt war und ich mich dann nicht mehr gespürt habe. Ich habe nur die guten Sachen gespürt und versucht, diese mit Hilfe der Drogen zu verstärken. Drogen bekommen habe ich von meinen Eltern. Ich bin zu meinem Vater, zu meiner Mutter, zu meinem Bruder gegangen und habe sie nach Drogen gefragt. Von jedem habe ich etwas bekommen, da sie darüber nicht miteinander gesprochen haben. Die meisten Drogen hat mir mein Exfreund gegeben, mit dem ich vier Jahre zusammen war, von dem habe ich alles bekommen. Kriminell musste ich gar nicht werden, um Drogen zu bekommen. Aber im Rausch bin ich kriminell geworden. Wenn ich auf Ecstasy oder Koks war und meinte, ich sei voll der King, dann fängt man an auf Leute loszugehen, die einem komisch vorkommen, weil

man meint, man sei was Besseres. Wenn die dann kommen, dann kriegen sie eins auf die Fresse.

Dr. Möller: Wie bist du aufgewachsen?
Alisha: Ich bin in einer eher ländlichen Gegend aufgewachsen. Anfangs eigentlich ganz gut. Da habe ich viel Liebe von meinen Eltern bekommen, bis sie dies zerstört haben mit dem Kokain. Ich hatte anfangs viele Freunde, bin mit meinen Eltern viel nach Holland gefahren. Meine beiden Eltern haben, trotzdem sie Drogen genommen haben, regelmäßig gearbeitet. Mein Vater ist selbständig und meine Mutter arbeitet in einem Büro. Nach außen hin hat man wenig gemerkt. Jeden Abend war bei uns viel Besuch, eigentlich immer eine Party. Ich kann mich da an eine Situation erinnern. Ich war in der Grundschule in der zweiten Klasse, bin aufgewacht und hab gedacht, oh jetzt musst du in die Schule. Aber das ganze Haus war schon wieder voller Leute. Ich bin nach unten gegangen und habe meinen Vater gesehen, wie er gerade eine Line gezogen hat [Kokain konsumiert]. Ich hab zu meinem Papa gesagt: »Papa, ich muss in die Schule.« Mein Papa hat gesagt: »Ja, ich bring dich gleich.« Ich hab zu meinem Papa gesagt: »nee, nee, Papa, du darfst nicht mehr fahren. Schlaf du dich erst mal aus, ich komm später wieder.« Ich hab ihm einen Kuss auf die Backe gegeben und bin losgegangen. Ich musste von früh an selbständig sein. Und vielleicht ein Stück weit die Verantwortung für meine Eltern übernehmen. Denn wenn der mich jetzt mit dem Auto in die Schule gebracht hätte, wären wir vielleicht gegen einen Baum gefahren.

Dr. Möller: Gab es noch andere Menschen die dir wichtig waren (neben Eltern, Bruder und Freund)?
Alisha: Nein. Nur meine Oma. Die hat mir Halt und Sicherheit gegeben. Früher habe ich manchmal gedacht, ich liebe alle, habe alle voll lieb. Jetzt nach der Therapie ist mir klar geworden, wen ich wirklich mag und wer mich wirklich schätzt.

Dr. Möller: Hattest du Freunde, die nichts mit Drogen zu tun hatten?
Alisha: Ja. Ich habe viele Leben gelebt. Zu Hause war ich die Alisha, die zu Hause war. In der Schule war ich die cleane Alisha. Dort hat keiner mitbekommen, dass ich Drogen genommen habe. Dann gab es die Freunde, denen ich das Zeug verkauft habe, mit denen ich geraucht habe. Dann gab es noch die Leute, mit denen ich selten etwas gemacht habe, die mit Drogen nichts zu tun hatten, von denen ich mich aber immer mehr abgegrenzt habe, weil die für mich uninteressant waren.

Dr. Möller: Was hat dich veranlasst eine Therapie zu beginnen?
Alisha: Ich bin mit 13 vergewaltigt worden, seitdem war ich in psychologischer Behandlung. Mit der Frau habe ich über alles geredet. Die hat mir gesagt, so kann das nicht weitergehen. Ich hatte damals schon drei Suizidversuche hinter mir. Zu Hause habe ich mich nur noch mit meinen Eltern gestritten, meine Mutter wollte öfters den Notarzt rufen, damit er mich einliefern soll. Ich habe daraufhin die Wohnung kaputt gemacht, habe ihr das Handy weggenommen und gesagt, jetzt kannst du ihn anrufen. Ich habe Dinge, die meiner Mutter lieb waren, kaputt gemacht, Türen eingeschlagen, die Decken kaputt gemacht, indem ich Stühle hochgeworfen habe, bis ich selber gemerkt habe, so kann das nicht weitergehen. Allmählich habe ich gemerkt, dass ich es zu Hause nicht schaffen werde, obwohl meine Eltern gesagt haben, »Alisha, du schaffst das auch zu Hause.« Für mich selbst habe ich deutlich gewusst, dass ich dort weg muss. Irgendwann wollte ich mit meinen Eltern nichts mehr zu tun haben. Dies waren die Menschen, die mir das Ganze vorgelebt haben, wie man Drogen nimmt, wie man Drogen verkauft etc. Ich habe meine Eltern dafür gehasst, dass sie mich so erzogen haben. Später haben meine Eltern mir die Schuld selber in die Schuhe geschoben, weil ich mich ja angeblich selber so erzogen hätte. Ich habe versucht zu Hause mit den Drogen aufzuhören, habe alles weggelassen, nur vom Kiffen bin ich nicht weggekommen. Meine Psychologin hat mir gesagt, dass sie so nicht mehr mit mir arbeiten kann, weil ich nur noch in Trance und unter Drogen war. Da hat mir meine Therapeutin gesagt, ich solle mich an Teen Spirit Island in Hannover wenden, dies sei die beste Einrichtung für mich. Ich müsse mich darum aber selber kümmern.

Dr. Möller: Wobei hat dir die Therapie geholfen?
Alisha: Die Therapie hat mir geholfen, mich selber anders wahrzunehmen. Durch meinen starken und langen Konsum habe ich meinen Körper gar nicht mehr gespürt. Mir war mein Körper scheißegal, mir war egal, was mit mir passiert. Durch die Therapie habe ich gelernt mich zu schätzen. Ohne Therapie hätte ich das, wo ich jetzt stehe, nicht erreicht.

Dr. Möller: Was hat dir im Rahmen der Therapie geholfen?
Alisha: Das Geschützt-Werden. Ich wusste, ich könnte raus, aber mit dem starken Willen, den ich hatte, habe ich auf den Zaun geschaut und gesagt: Ich darf da einfach nicht raus. Der Zaun hat mich schützend von der Außenwelt abgeschottet. Du bist hier drinnen auf jeden Fall geschützt. Jetzt kannst du die Zeit nutzen und an dir arbeiten. Wenn du dann später wieder hinter dem Zaun stehst, dann schau mal, was passiert. Oft ist es ja so, dass Menschen mit den Grenzen nicht zurechtkommen, aber bei mir ist es so, dass ich Grenzen

brauche, wenn ich etwas erreichen will. Am Anfang habe ich zwar gedacht, was wollen die Assis von mir, und am Schluss wollte ich nicht mehr weg.

Dr. Möller: Was war für dich das Wichtigste in der Therapie?
Alisha: Vor allem meine Bezugsperson und dass ich mit meinem Therapeuten reden konnte. Die Regeln, die Gruppentherapie oder einfach gemeinsam am Tisch zu sitzen und zu essen. Zu wissen, man ist zusammen und nicht, der eine ist hier und der andere ist dort. Meine Bezugsperson war so ein bisschen ein Mutterersatz. Das, was meine Mutter mir nicht gegeben hat, hat sie mir gegeben. Ich habe noch einmal gespürt, wie das ist, ein Stück weit richtig gemocht zu werden.

Dr. Möller: Wie sieht dein Leben jetzt aus?
Alisha: Ich mache Fachabi Sozialwesen. Ich habe eine eigene Wohnung und bekomm das alles hin. Es gibt Zeiten da denke ich, ich würde gerne mal. Ich hatte auch Rückfälle, habe aber insgesamt gelernt, besser mit mir und meinem Leben zurechtzukommen. Ich sehe alles viel klarer. Ich kann besser lernen, habe bessere Konzentration, ich kann länger an einer Sache dranbleiben und ich weiß, was ich machen muss, wenn es mir schlecht geht.

Dr. Möller: Wie denkst du rückblickend über deine Drogenzeit?
Alisha: Es ist gut, dass ich das erlebt habe, weil ich jetzt soweit im Kopf bin und weiß, was ich erlebt habe und was ich will. Ich würde ja gerne Psychologin werden. Dadurch, dass ich das alles erlebt habe, kann ich mich ein Stück weit in die Leute hineinversetzen, wenn denen Ähnliches passiert. Ich weiß ungefähr, wie die fühlen. Ich möchte meine Erfahrungen gerne weitergeben, wie man aus solchen Situationen wieder herauskommt, und sie dabei unterstützen.

Dr. Möller: Gibt es etwas, was du anderen Jugendlichen mit deiner Erfahrung mitteilen möchtest?
Alisha: Ich weiß auf jeden Fall, wie schwer es ist, diesen Schritt zu gehen, zu sagen, ich will da raus, oder, etwas krass gesagt, den Sinn, den man im Kopf hat, wirklich ernst zu nehmen. Man denkt, ich muss das jetzt einfach hinter mir lassen. Denn das kann jeder schaffen, wenn er wirklich will. Der Wille ist ein ganz wichtiges Stück, was man braucht, um das hier durchzuziehen. Sonst rennt man weg, springt über den Zaun, aber man kommt dann vielleicht wieder.

Dr. Möller: Wie leben deine Eltern jetzt?
Alisha: Durch meine Therapie haben meine Eltern auch aufgehört Drogen zu nehmen. Die haben gesehen, bei meiner Art zu leben, dass es mir ganz gut geht, besser als ihnen selber. Durch meine Therapie haben sie gemerkt, dass es eigentlich besser ist, keine Drogen mehr zu nehmen. Jetzt sind alle clean. Meine Eltern und mein Bruder. Vielleicht haben die das sogar besser hinbekommen als ich, denn die haben einfach so aufgehört. Einfach, zack, aufgehört nach soundso viel Jahren. Ich hab da immer wieder Probleme mit.

Dr. Möller: Wie ist das zu erleben, dass du der Anstoß der Veränderung für deine Eltern bist?
Alisha: Ich musste ja von Anfang an aufpassen, dass mein Vater zum Beispiel kein Auto mehr fährt, wenn er auf Koks war. Wenn meine Mutter betrunken und aggressiv von meinem Vater abhauen wollte, musste ich den Autoschlüssel verstecken. Ich musste schauen, wie ich allein zur Schule komm, so klein, wie ich war. Ich hab immer gehofft, dass irgendwann mal was von meinen Eltern kommt. Wie zum Beispiel: »So, wir hören jetzt auf mit Drogen, wir wollen unser Leben anders in den Griff bekommen.« Aber nie ist etwas passiert. Ich habe irgendwann gesagt, »ihr redet immer nur, ihr labert.« Dann bin ich selber auf Therapie gegangen. Was nach der Therapie noch entscheidend war: Ich habe meine Eltern 16 Jahre lang nur auf Droge erlebt. Nach der Therapie, seit meine Eltern auch keine Drogen mehr nehmen, sehe ich plötzlich, wie meine Eltern clean sind. Das war für mich so, wie wenn ich früher bei Pflegeeltern war und jetzt auf einmal habe ich meine leiblichen Eltern kennengelernt. Heute liebe ich meine Eltern über alles. Es ist schon so, dass eine gewisse Abgrenzung da ist und ich gut schaue, wieweit ich meine Eltern an mich ranlasse. Den letzten gemeinsamen Joint haben wir vor Aufnahme auf dem Parkplatz vor der Station Teen Spirit Island geraucht.

Ich wollte der King sein

Daniel, 13 Jahre
(6 Monate auf Teen Spirit Island, seit 3 Monaten bei StepKids)

Dr. Möller: Daniel, wie bist du zu Drogen gekommen?
Daniel: Ein guter Freund ist zu mir ins Dorf gezogen. Sein großer Bruder hat gekifft. Dann habe ich auch damit angefangen. Es war ungefähr im Alter von 11

Jahren. Anfangs habe ich immer bei ihm mitgeraucht und mit 12 Jahren, an meinem Geburtstag, habe ich Geld bekommen und mir das erste Mal ne größere Menge selbst gekauft. Das waren so an die 30 g. Ab dann hat es richtig angefangen. Zwischenzeitlich habe ich bis zu 10 g täglich geraucht, bis ich mit Ende 13 zu Teen Spirit Island gekommen bin.

Dr. Möller: Woher hattest du das Geld für die Drogen?
Daniel: Das Geld habe ich entweder von meinen Eltern geklaut, Leute auf der Straße abgezogen, oder ich bin irgendwo eingebrochen. Mein bester Freund, mit dem ich rumgezogen bin, sitzt jetzt im Knast, da er ein großes Ding gedreht hat. Da wäre ich wahrscheinlich auch dabei gewesen, wenn ich damals nicht bei Teen Spirit Island gewesen wäre. Taschengeld habe ich von meinen Eltern nicht mehr bekommen, nachdem sie mitbekommen haben, dass ich Drogen nehme. Heute ist es ja auch ganz einfach über das Internet an Drogen zu kommen, oder das Darknet, muss sich da halt ein bisschen auskennen. Dann kann man einem auch nicht so schnell was nachweisen und ein Smartphone hat heute ja jeder.

Dr. Möller: Was hat dich daran gereizt, Drogen zu nehmen?
Daniel: Gereizt haben mich Drogen, da sie durch Spiele und Filme immer verherrlicht wurden und durch Musik. Ich hab mich dabei ziemlich cool gefühlt, konnte den Obermacker raushängen lassen. Die Mädchen standen auf Typen, die was mit Drogen zu tun hatten, und auf Gangster. So fand ich das alles ziemlich cool und hatte auch Spaß daran. Dazu kam, dass ich alle meine Probleme hinter mir lassen konnte, mir alles scheißegal war. »Ich bin jetzt bekifft, das ist cool«, und damit kann mir alles andere am Arsch vorbeigehen, sprich Schule, Eltern und sonstige Sachen, die mir auf den Keks gehen.

Dr. Möller: War Cannabis die einzige Droge?
Daniel: Zum Ende hin habe ich auch mit Alkohol angefangen. Zwischendurch habe ich Amphetamine gezogen, weil ich am Wochenende öfter abgehauen bin, das Wochenende durchgemacht habe, selber vertickt habe und von Dorf zu Dorf gelaufen bin. Damit ich keinen Hunger habe, nicht müde werde und immer laufen kann, habe ich Amphetamine gezogen.

Dr. Möller: Wie bist du aufgewachsen?
Daniel: Die ersten 3 Jahre habe ich mit meiner Mutter und meinem Vater zusammengelebt. Dann haben sich meine Eltern getrennt. Meine Mutter hat eine dreijährige Ausbildung zur Krankenschwester gemacht und ich habe bei meinen Großeltern gelebt. Ich hatte dann eine sehr feste Bindung zu meinen

Großeltern. Meine Mutter hat einen Typen in der Disko kennengelernt, zu dem wir bald gezogen sind. Da war ich gut 6 Jahre alt. Es war ziemlich schwierig, von meiner Oma wegzuziehen, die Schule zu wechseln. Ich bin gerade mit 6 eingeschult worden und musste mir wieder einen neuen Freundeskreis suchen. Der neue Freund von meiner Mutter war sehr streng mit mir, hat mich öfter mal geschlagen, wenn ich zum Beispiel beim Mittagessen nicht aufgegessen habe, und solche Kleinigkeiten. Irgendwann hat es mit der Schule nicht mehr geklappt, dann sind wir wieder umgezogen. Ich musste mir wieder einen neuen Freundeskreis suchen. Irgendwann habe ich mich gegen den Freund meiner Mutter zur Wehr gesetzt und sozusagen zurückgeschlagen und kurze Zeit später hat es auch mit den Drogen angefangen, nach dem dritten Mal Umziehen.

Dr. Möller: Wie verstehst du dich heute mit dem Freund deiner Mutter?
Daniel: Bei Teen Spirit Island hatten wir viele Familiengespräche, wo ich zugebe, dass ich danach immer gestresst war. Außer beim letzten Familiengespräch, das fand ich ganz in Ordnung. In den Gesprächen wurden auch die Probleme mit der Familie besprochen und dabei haben wir einiges gelöst. Jetzt verstehe ich mich besser mit ihm.
Durch das Kiffen konnte ich alles vergessen was passiert ist. Ich wusste, dass ich am nächsten Tag Ärger kriege, weil ich schon wieder abgehauen bin. Auch das konnte ich gut durch die Drogen vergessen. So habe ich immer wieder Drogen genommen, jeden Tag alles von Neuem vergessen. So habe ich mich gut gefühlt. Meine schulische Leistung ist ziemlich in den Keller gegangen. Morgens bin ich nicht hochgekommen. Wenn ich zur Schule gegangen bin, das war sowieso nicht sehr oft, dann war ich selber genervt, weil ich nicht hochgekommen bin und müde war. Durch das Kiffen wird ja auch die Tiefschlafphase unterbrochen. Man kann nicht träumen und man schläft dann nicht so gut. Ich hab die Lehrer angemacht, sie beleidigt, mich in der Schule geschlagen, hab auch in der Schule Drogen verkauft. Der Schulleiter hat mir mit Rausschmiss gedroht. In die Schule bin ich nicht mehr zum Lernen gegangen, sondern zum Drogen-Verkaufen und zum Freunde-Treffen.

Dr. Möller: Was hat dich veranlasst, eine Therapie zu machen?
Daniel: Meine Mutter wollte etwas gegen meine Drogensucht tun. Meine Mutter ist zu mehreren Beratungsstellen gegangen, das hat aber alles nichts geholfen. Ich hab immer gesagt, ich hab damit aufgehört, hab aber heimlich weitergemacht. Bis mein Hausarzt mir eine Einweisung in die geschlossene Jugendpsychiatrie gegeben hat und die haben mich dann an Teen Spirit Island in Hannover verwiesen. Hätt ich die ambulanten Gespräche und die Aufnahme

bei Teen Spirit Island nicht wahrgenommen, wäre ich ins Heim gekommen. Deshalb war das am Anfang mehr oder weniger unfreiwillig. Die ersten 6 Wochen bei Teen Spirit Island habe ich gesagt, ich hab kein Drogenproblem, damit ich schnell wieder rauskomme. Ich hab mir gesagt, ich bleib hier 6 Wochen. Nach dieser Zeit war ich aber irgendwie freiwillig da, denn es hat mir doch gefallen.

Dr. Möller: Wie siehst du das im Nachhinein, dass dir klare Grenzen aufgezeigt wurden?
Daniel: Durch die Drogen wird vieles von der Sichtweise her eingeschränkt. Man selber denkt, es läuft alles gut, man denkt, man kriegt einen Job, verdient Geld und kann jeden Tag kiffen. Wenn ich 18 bin, krieg ich Harz IV und alles wird schön. Aber es ist halt nicht so. Im Nachhinein sehe ich das mit der Zwangseinweisung ziemlich gut. Ich bin jetzt clean, bin von den Drogen weg. Ich hab jetzt auch wieder eine Perspektive, ich mach Schule und es läuft gut. Darüber bin ich überrascht, weil ich gedacht hab, das wird nicht so gut. Ich dachte, hier in Hannover ist es noch viel mehr mit Drogen und Schlägereien auf Schulen, aber es läuft alles gut. Ich plane meinen erweiterten Realschulabschluss zu machen und anschließend eine Ausbildung zum Informationselektroniker oder als Pfleger.

Dr. Möller: Was hat dir in der Therapie geholfen?
Daniel: Geholfen haben mir vor allem die vielen Gruppentherapien und das Sprechen über meine Schwierigkeiten. Anfangs hatte ich große Hemmungen, meine Probleme überhaupt anzusprechen. Ich hab immer gesagt, ich hab keine Probleme, ich weiß gar nicht, was sie wollen, bis ich bei Teen Spirit Island rausgeschmissen wurde. Ich war eine Woche zu Hause und da ist mir einiges klar geworden. Nach einer Woche bin ich wiedergekommen. Anfangs hatte ich noch Schwierigkeiten zu verstehen, was die wollen, bin ziemlich konfrontiert worden und hab Konsequenzen bekommen. Bis ich in Gesprächen klar bekommen hab, was meine Schwierigkeiten sind, und ich sie besser bearbeiten konnte. Dann war da noch die Struktur, dass man hier einen strukturierten Tagesplan hat. Zu Hause war es Aufstehen, Kiffen und dann mal schauen. Auf Teen Spirit Island hat man feste Zeiten, zum Beispiel wann man aufstehen muss, dann Frühstücken. Wenn wir das nicht hinkriegen, gibt's ne Konsequenz. Dann ist die Gruppe sauer auf einen oder wenn's an der Gruppe liegt, sind alle sauer aufeinander. Anschließend Akupunktur und Putzen. Hier weiß man klar, was man zu tun hat.
Das andere, was mir gefallen hat, war, dass hier viel Sport gemacht wird. Hier konnte ich sehen, was mir gefällt, und schauen, was ich draußen als Hobby

weitermachen möchte – wie Schwimmen. Was mir besonders gefallen hat war das Klettern. Am wichtigsten in der Therapie war aber, dass irgendwann der Knackpunkt gekommen ist. Ich hab ziemlich lange gebraucht, um einzusehen, dass ich überhaupt Probleme und Schwierigkeiten habe. Das war im Nachhinein so ziemlich das Wichtigste. Vorher habe ich immer alles verdrängt, ich habe morgens mein Lächeln aufgesetzt und gesagt »mir geht's gut« und alles andere in mich hineingefressen. Und irgendwann ist das Ganze explodiert, aber ich hab's nicht gemerkt.

Dr. Möller: Hattest du früher Hobbys?
Daniel: Ich habe gerappt und bin viel Fahrrad gefahren. Ich wohne ja nicht in der Großstadt, sondern auf'm Dorf, da fahren die Busse nicht so oft, Straßenbahn haben wir gar nicht. Deshalb bin ich immer mit dem Fahrrad gefahren. Das habe ich damals sehr gerne gemacht. Zum Rappen bin ich gekommen, weil das auch cool war, vor allem Deutsch-Rap. Die Mädchen standen da auch drauf, wie auf die Drogen. Da konnte ich über alles rappen, über Frauen, Drogen, Gewalt und was ich damals so im Alltag gemacht habe.

Dr. Möller: Wie lebst du jetzt?
Daniel: Seit 3 Monaten lebe ich bei StepKids. Ich gehe morgens in die Schule, im Anschluss habe ich meine Aufgaben bei StepKids, ich mache Hausaufgaben. Wenn ich für die Schule irgendetwas zu tun habe, gehe ich raus und besorg das und sonst bleibe ich drin und spiele Karten oder anderes.

Dr. Möller: Daniel, du hast gesagt, dass du früher anerkannt wurdest, weil du Drogen genommen hast, gerappt hast. Wie sieht das jetzt aus?
Daniel: Jetzt werde ich anerkannt durch mich, ohne Drogen, Rappen, mein tolles Smartphone, teure Klamotten oder so was. Jetzt werde ich anerkannt, so wie ich bin.

Dr. Möller: Wie hat sich das Verhältnis zu deinen Eltern verändert?
Daniel: Ich kann jetzt mit denen offen über vieles reden. Ich muss nicht mehr alles verbergen. Früher musste ich immer sehen, dass meine Mutter nicht rauskriegt, dass ich wieder Drogen nehme. Jetzt brauche ich nichts mehr vor meiner Mutter zu verbergen, denn ich mache nichts Schlimmes mehr. Auch zu meinem leiblichen Vater habe ich wieder besseren Kontakt. Das war anfangs gar nicht, weil ich zu faul war anzurufen oder auch er. Jetzt telefoniere ich öfter mit ihm, werde nach 12 Jahren vielleicht Weihnachten wieder bei ihm verbringen, das finde ich ziemlich schön. Das Verhältnis ist deutlich besser geworden zu ihm. Während meiner Zeit auf Teen Spirit Island hat mein Vater

mich das erste Mal seit langem wieder besucht. Wir hatten uns viel zu erzählen und haben uns gut verstanden.

Dr. Möller: Wie denkst du rückblickend über deine Drogenzeit?
Daniel: Es war ziemlich dumm, überhaupt Drogen zu nehmen. Im Nachhinein habe ich dadurch nur Probleme bekommen. Ich hatte Probleme in der Schule, Probleme mit meinen Eltern, Probleme überall. Aber ich habe es nicht gemerkt durch die Drogen. Deswegen fühle ich mich jetzt clean viel besser. Wenn man so viele Drogen konsumiert hat wie ich, konnte man gar nicht mehr klar in die Welt blicken. Ich war fast chronisch breit, ich hatte immer einen Tunnelblick, konnte kein ernstes Gespräch mehr führen. Ich hab eigentlich nur noch Schwachsinn rausbekommen. Das hatte ich auch anfangs während der Gespräche in der Ambulanz, als ich mich bei Teen Spirit Island vorgestellt habe. Aber damals habe ich die Drogen gebraucht, damit ich cool bin, dass ich ne Freundin habe, damit ich der King bin und um alles zu vergessen.

Dr. Möller: Möchtest du anderen Jugendlichen etwas mit auf den Weg geben?
Daniel: Am besten erst gar nicht mit Drogen anfangen. Und wenn man in dem Kreislauf drin ist, dann sollte man schauen, dass man zu Teen Spirit Island kommt oder dass die Eltern das mitbekommen. Ich habe früher auch versucht, dass meine Eltern das mitbekommen. Ich hab mein Zeug [die Drogen] öfter zu Hause liegen lassen. Aber meine Eltern haben es nicht gemerkt. Die haben es erst gemerkt, als ich zu Hause bei meinen Eltern gekifft habe. Dann haben sie meine Taschen durchsucht und etwas bei mir gefunden. Dann ging es los mit den ganzen Problemen. Ich bin dann öfter abgehauen.

Dr. Möller: Was hättest du damals von deinen Eltern gebraucht?
Daniel: Ich hätte viel mehr Regeln, viel mehr Grenzen, viel weniger Freiheiten gebraucht. So ähnlich wie bei Teen Spirit Island, vielleicht nicht ganz so streng. Dann wär ich vielleicht gar nicht auf die Idee gekommen Drogen zu nehmen, dann hätte ich immer irgendetwas Sinnvolles zu tun gehabt.

Mit der Sucht durch den Alltag

Saskia, 17 Jahre
(war 9 Monate auf Teen Spirit Island. Diesen Text hat Saskia selbst verfasst.)

Alles fing ganz harmlos an. Am Wochenende ab und zu mal eine rauchen, mal was trinken, das war ganz normal. Doch es dauerte nicht lange, da entwickelte sich mein scheinbar harmloser Drogenkonsum zu einem Problem der nicht ganz angenehmen Art. Abhängen und Kiffen prägten den Tag. Jeden Tag dasselbe! Hasch reichte irgendwann nicht mehr aus. Der gewünschte Rauschzustand trat nicht mehr ein. In dieser Zeit wurde mein Vater krank und starb. Ich beschloss aufzuhören. Ich musste für meine Familie da sein, musste jetzt stark sein. Ein Wochenende habe ich es geschafft. Ein Wochenende, als ich in einer anderen Stadt bei meiner Cousine war. Hasch nervte mich an. Doch mit Ecstasy und Amphetaminen, so lernte ich schnell, kann man besser drauf sein. Haschisch war nur noch Sinn und Zweck des »Runterkommens«.

Zwei Jahre habe ich mit Alkohol, Hasch, Ecstasy und Amphetaminen meinen Alltag durchlebt. Geradeso kam ich mit der Schule, meiner Familie und meinem Geld noch zurecht. Schon bald machten sich aber körperlich sowie seelische Beschwerden in meinem Leben breit. Ich verblödete langsam aber sicher an den Pillen und dem ganzen Mist. Außerdem nervte es mich nach jeder Party, nicht schlafen zu können. Cannabis brachte mich nicht mehr runter. Ich hasste den Blick in den Spiegel, wenn ich drauf war. Ich sah nur noch große schwarze Pupillen, die nichts aussagten. Sie waren einfach leer! Es machte mich fertig!

Ich versuchte mit Hilfe eines Suchtmittels, meinen Alltag zu bewältigen und ihm zu entfliehen. Irgendwann war ich meinem Suchtmittel ausgeliefert und sah mich machtlos ihm gegenüber. Ich war unfähig, mein Leben aktiv zu gestalten, und verlor die Hoffnung. Warum ich süchtig wurde? Das lässt sich letztlich nur durch die intensiven Auseinandersetzungen mit meiner Lebensgeschichte begreifen. Es war die Trennung von geliebten Menschen, die mich dazu führte, mich mit Suchtmitteln zu betäuben. Ich denke, Leichtsinn, Spaß in der Gruppe und die Suche nach neuen Erlebnissen stehen auf der anderen Skala. Irgendwann ging es nur noch darum, mein Verlangen nach Drogen zu stillen. Die Sucht hat ursprüngliche Probleme zwar überlagert, aber dafür neue geschaffen.

Kurze Zeit später wurde ich heroinabhängig! Das Verlangen, immer mehr unter »Narkose« zu gelangen, wuchs mit jeder Einnahme der Droge. Die Dosis stieg, die Wirkung ließ nach. Die Droge wurde härter. Ich verwahrloste mit jedem Tag, den ich mit meiner Heroinabhängigkeit lebte. Die Schule schmiss ich hin, der Gang in die Szene war nun Hauptbestandteil meines Lebens. Als ich Ecstasy und andere Aufputschmittel genommen hatte, dachte ich, schlimmer kann es gar nicht mehr werden, aber als ich auf »H« [Heroin] war, das war der Horror. Morgens bin ich aufgewacht. Manchmal wusste ich nicht mehr, wo ich war und wer ich bin. Am liebsten wäre ich jeden Tag einfach liegen geblieben. Am liebsten wäre ich jeden Tag einfach nicht mehr aufgewacht. Immer der eine Gedanke: »Schore [Heroin] – und das so schnell wie möglich!« Zwar lebte ich noch bei meiner Mutter, aber ich habe sie nicht viel gesehen. Ich wollte es vermeiden, in ihre Augen zu sehen. Ich musste es vermeiden, dass sie erfuhr, was mit mir los war. Mit der Zeit war ich geübt. Es war teuer und ich brauchte Geld. Hinzu kam noch, dass sie durch den Tod meines Vaters viel mit sich selbst beschäftigt war. Irgendwann hielt ich es nicht mehr aus. Das ständige Geld beschaffen, die Geheimhaltung vor der Familie, der körperliche und seelische Verfall, andauernder Stress. Der nächste Gang war zum Arzt, nicht in die Szene. Öfter hatte ich versucht, alleine zu entziehen, Wochenenden im Bett verbracht, um am Montag doch wieder Heroin zu ziehen oder zu rauchen! Ich wollte nicht mehr. Ich war mir zu schade, wie all die anderen zu enden, hatte Angst, irgendwann die Augen zu öffnen und alles verloren zu haben. Ich wollte wieder leben können. Ich wollte meiner Mutter wieder in die Augen sehen können. Ich wollte, dass mein Vater hätte stolz auf mich sein können.

Mein Arzt verwies mich an eine Jugendpsychiaterin. Schließlich war ich erst 17 Jahre. Eigentlich wollte ich meiner Mutter erzählen, ich würde mit meinem Freund für zwei Wochen in den Urlaub fahren. Doch die Psychiaterin gab mir den Rat, dass schon die Offenlegung meines Problems der erste wichtige Schritt ist, mich mit meiner Drogenproblematik auseinanderzusetzen. Den nächsten Tag wartete ich zu Hause auf meine Mutter. Mir graute es vor diesem Gespräch, vor der Reaktion und was darauf folgen würde. Natürlich war sie geschockt, aber in ihren Augen sah ich die Erleichterung. Wir konnten etwas dagegen tun. Meine Einweisung in die Entgiftungsstation war schon für den nächsten Tag festgelegt, also musste alles sehr schnell gehen. Meine Mutter nahm sich gleich Urlaub und konnte mir die nächsten zwei Wochen zur Seite stehen. Dort fanden auch regelmäßige Gespräche statt. Ich zögerte nicht lange und beschloss, eine stationäre Therapiestation aufzusuchen. Durch die Sozialarbeiterin erhielt ich einen Platz in der Therapiestation für drogenabhängige Kinder und Jugendliche Teen Spirit Island. Ich hatte Glück, sehr viel Glück. Normalerweise muss man mit langen Wartezeiten rechnen. Doch ich konnte schon in der darauf folgenden Woche anreisen. Die ersten Wochen waren lang. Kein Kontakt zu meiner Familie oder Freunden, kein Telefongespräch, keine Besuche, kein Ausgang, nur Briefkontakt. Aber es dauerte nicht lange und ich hatte neue Freunde gewonnen, fühlte mich wohl in meiner neuen Umgebung, in meinem neuen »Zuhause«. Jeden Tag ging es ein Stück aufwärts. Ich lernte, dass ich nicht nur ein Problem mit Drogen habe, sondern mit mir selber. Nach vier Wochen fand das erste Gespräch mit meiner Mutter statt. Meine Mutter hatte erst große Schwierigkeiten, sich damit anzufreunden. Sie hatte das Gefühl, ich werde ihr die Schuld dafür geben, sie habe Fehler in der Erziehung gemacht. Meine Mutter hat sich Vorwürfe gemacht, dass sie es nicht gemerkt hat. Niemand traf die Schuld für meinen Zustand! Nach sechs Monaten durfte ich das erste Mal für einen Tag nach Hause. Nach neun Monaten wurde ich regulär aus Teen Spirit Island entlassen.

Nach meiner Entlassung fanden noch regelmäßige Gespräche statt. Doch ungefähr ein Jahr nach der Entlassung trennten sich die Wege ganz. Ich habe wieder mit der Schule begonnen und habe meine Fachhochschulreife erhalten. Jetzt ist es schon einige Jahre her, seitdem ich entlassen wurde und seitdem lebe ich drogenfrei. Hinter meinem Rücken wird noch geredet. Für einige bin ich immer noch drogensüchtig. Das nehme ich mit einem Lächeln so hin, denn ich bin mir sehr sicher, dass es nie wieder so weit kommen wird. Für mich ist es heute, als hätte es diese Zeit nie gegeben. Ich habe ganz von vorne, ganz von unten und komplett neu angefangen. Ich bin vor zwei Monaten von zu Hause ausgezogen in eine andere Stadt, um meine Ausbildung zu machen. Dies war einer meiner Träume, den ich selbst in die Hand genommen habe, um ihn zu verwirklichen. Auch der Ausstieg aus der Drogenszene ist ein Traum gewesen, den ich gelebt habe. Das Leben hat nicht mehr mich in der Hand, sondern ich mein Leben. Denn, wie heißt es so schön: »Träume nicht dein Leben, sondern lebe deine Träume!«

Ich hatte keine Freunde – World of Warcraft war meine Welt

Kevin, 17 Jahre
(seit 7 Monaten auf Teen Spirit Island)

Dr. Möller: Kevin, warum bist du auf Teen Spirit Island?
Kevin: Ich bin wegen einer Internet-, bzw. Computersucht hier. Wegen World of Warcraft (WOW).

Dr. Möller: Wie hat sich das bei dir geäußert?
Kevin: Im Moment bezeichne ich das als verwahrlost. Überall Pizza-Schachteln, haufenweise Cola-Flaschen, Berge von dreckiger Wäsche auf dem Boden. Es türmten sich Wäscheberge zu Vulkanen, Müllbergen, und dazwischen waren noch andere Berge. Vor lauter Müll konnte man den Fußboden nicht

mehr sehen. Ich habe Tag und Nacht nur noch WOW gespielt. Wenn ich zum Beispiel aufs Klo musste, musste das warten, bis ich Zeit dafür hatte. Erst wenn im Rate gerade nichts zu tun war oder man auf einen warten musste, hatte ich Zeit für derartige Nebensächlichkeiten. Das Spiel war vorrangig vor allem anderen.

Dr. Möller: Wie viel Stunden am Tag hast du gespielt?
Kevin: An freien Tagen bis zu 22 Stunden. An einem normalen Tag bin ich zwischen 12 und 13 Uhr aufgestanden. Die erste Aktion ist nicht Pinkeln gehen, nicht Wasser trinken oder zum Kühlschrank gehen, sondern die erste Aktion ist den Rechner hochzufahren. Dann habe ich den Piep gehört und dachte mir, »OK, es ist alles in Ordnung. OK, ich muss mich darum nicht kümmern (der Computer funktioniert).« Anschließend habe ich mir Frühstück gemacht und dieses vor dem Computer verzehrt. Direkt WOW starten und rein ins Spiel. Das war mein alltäglicher Morgen. Das ging durch bis zum Abend. Ich habe nichts anderes gemacht. Vielleicht mal nebenher Fernsehen auf der Flimmerkiste. Das war das Einzige, was ich gemacht habe, meistens bis zwei, drei Uhr nachts. Dann waren nur noch wenige Spieler online und ich hatte auch keinen Bock mehr.

Dr. Möller: Wie kam es dazu, dass du aufgehört hast WOW zu spielen?
Kevin: In der Einrichtung wusste man, dass ich WOW-gefährdet bin. Ich selbst habe das nie so gesehen und zugegeben. Ich konnte mir das nicht eingestehen. Ich habe seit meiner Kindheit immer viel mit Computer zu tun gehabt. Ich konnte selbst nicht sehen, dass ich süchtig bin. Ich der Einrichtung, wo ich damals lebte, haben sie mir aber das Internet verboten.

Dr. Möller: Wie ging es dir damit?
Kevin: Als ich das gehört habe, ging es mir richtig scheiße. Ich war total lustlos und musste mich plötzlich mit anderen Sachen beschäftigen. Ich wollte nur WOW spielen und konnte nicht. Ich habe dann angefangen, andere, Offline-Spiele [nicht im Internet] zu spielen, wie Ego-Shooter oder andere Strategie-Spiele, sozusagen meine Methadon-Phase [Substitutionsphase]. Das war ne Zeitlang OK, hat auf Dauer aber keinen Spaß gemacht. In der Zeit, wo ich in der Einrichtung war, bin ich dann auch in die Schule gegangen. Das sollte man vielleicht auch sagen. Mit der Zeit klappte es in der Schule immer besser. Ich bin wieder häufiger rausgekommen. Hab Kontakt zu anderen Jugendlichen gehabt, die ich in der Schule kennen gelernt habe. Nicht nur Kontakte online im Internet wie früher, sondern plötzlich auch im Real-Life.

Dr. Möller: Wie ging es weiter?
Kevin: Ich hatte kurz darauf keinen Computer mehr. Den hatte mir meine Mutter weggenommen, weil ich ihren PC in meinen PC eingebaut hatte. Das war eigentlich ihr PC. Deshalb hat sie ihn mir weggenommen. Und ich hatte dann keinen PC mehr. In der Einrichtung wo ich war, gab es einen Büroraum, in dem seltsamerweise ein spielfähiger PC stand, mit einer netten Grafikkarte und einem guten Prozessor. Ich habe mir gedacht, warum steht der da? Der kann eigentlich auch gut in meinem Zimmer stehen. Ich habe mir Werkzeug besorgt und abends, wenn die Betreuer weg waren, die Tür vom Büro aufgemacht und mir den Computer in mein Zimmer geholt. Ich hab jede Nacht in meinem Zimmer gespielt und morgens, bevor die Betreuer kamen, den Computer zurück ins Büro gebracht. Das ging ca. eineinhalb Monate so. Keiner hat etwas gemerkt. Bis ein neuer Jugendlicher in die Einrichtung kam, der mitkriegte, dass ich immer ins Büro ging. Dem habe ich gesagt, dass ich einen Schlüssel hätte. Das hat er den Betreuern gesagt. Die Betreuer haben mich zur Rede gestellt. Ich bin stocksteif geblieben und habe so getan, als ob ich nichts wüsste. Irgendwann kam der Punkt, wo ich dachte, »scheiße, was du hier machst, ist doch kacke.« Ich breche in das Büro der Mitarbeiter ein, wo auch all die Akten der Jugendlichen stehen. Die Betreuer haben mir gesagt, ich muss eine Therapie wegen der Sucht von WOW machen oder ich flieg aus der Einrichtung raus und bekomme eine Anzeige wegen Hausfriedensbruch. Ich dachte mir dann, »scheiße, wie tief bist du gesunken, dass du in ein Büro einbrichst und dir den PC rausholen musst.« Da kam es zu einem Stück Selbsterkenntnis, dass ich mir gesagt habe, du bist wohl doch süchtig danach. Das war vorher nicht da. Vorher habe ich mir gesagt, das machen doch alle anderen auch. Das ist doch nicht so schlimm, ich stell ihn ja wieder zurück. Ich habe nach Ausreden gesucht, die keinen wirklichen Grund haben. In der Zeit, wo ich meinen Computer nicht hatte, bin ich tagsüber noch zusätzlich ins Internet-Café gegangen und habe dort acht Stunden am Tag gesessen und WOW gespielt. Ich hab mich dann gefragt, bekommst du hier nicht Rabatt? Und ich habe einen bekommen. 14 Euro pro Tag habe ich fürs WOW-Spielen ausgegeben. Ich hab mich da auch verschuldet, sogar ziemlich viel. Für den Internet-Café-Besitzer war ich der bestzahlendste Kunde. Der war natürlich scheißfreundlich. Ich hatte zu dem aber keine wirkliche Beziehung.

Dr. Möller: Hattest du Beziehungen und Kontakte zu anderen Menschen?
Kevin: Ich hatte überhaupt keine Beziehung zu irgendwem. Was ich leider viel zu spät bemerkt habe. Erst als ich hier zu Teen Spirit Island gekommen bin. Ich kenne kaum wen. Ich kenne sogar meine Verwandten kaum. Ich habe in einem Dorf gewohnt, wo 200 Meter weiter meine Tante wohnt, und ich kenne sie

nicht. Das habe ich hier gemerkt. Ich habe da 16 Jahre gewohnt und kenne meine Verwandten nicht, meine Großeltern, meine Cousinen und Cousins. Ich hatte keine richtigen Freunde denen ich Sachen anvertrauen konnte. Ich finde das ziemlich schade. Jetzt wünsche ich mir, ich hätte mehr Freunde gehabt, hätte mehr Zeit mit meinen Verwandten verbracht. Mein Leben hätte echt anders verlaufen können.

Dr. Möller: Wie bist du aufgewachsen Kevin?
Kevin: Mein Vater hatte früher viel mit Computer zu tun. Der hat in dem Bereich gearbeitet. Mit 6 Jahren hatte ich meinen ersten eigenen Computer. Mein Vater wollte, dass ich Programmieren lerne. Ich habe aber mehr gespielt, als dass ich programmiert habe. Ich hab mich aber auch bemüht, eigene Programme zu schreiben, um meinem Vater eine Freude zu machen. Durch die Spiele bin ich darauf gekommen, mir meine eigenen Spiele zu entwickeln, was ich auch einige Zeit gemacht habe. Bis ich angefangen habe WOW zu spielen. WOW habe ich ungefähr 3 Jahre lang gespielt.
Meine Eltern haben sich getrennt als ich 2 Jahre alt war. Ich bin bei meiner Mutter aufgewachsen. Ich bin zur Schule gegangen, das hat auch wunderbar funktioniert. Nachmittags war ich immer zu Hause und habe Computer gespielt. Das hat dann irgendwann überhandgenommen. Ich wollte nicht mehr in die Schule gehen. Ich wollte gar nicht mehr rausgehen. Ich hatte kaum soziale Kontakte. Ich hatte früher mal einen besten Freund. Der hat sich komischerweise von mir getrennt, wahrscheinlich, weil ich nicht mehr rausgekommen bin. Aber sonst hatte ich keine sozialen Kontakte. Nur meine Mutter, die mich, wenn sie zu Hause war, gefragt hat, was denn los wäre.

Dr. Möller: War deine Mutter auch computerbegeistert?
Kevin: Nein, überhaupt nicht. Die ist froh wenn sie nen Computer ankriegt und im Internet irgendwas erledigen kann. Die benutzt den Computer und ihr Smartphone nur, um irgendeinen Film zu gucken oder ins Internet zu gehen.

Dr. Möller: Hat deine Mutter das so hingenommen, dass du den ganzen Tag vor dem Computer sitzt?
Kevin: Ja, schon. Wir hatten da aber auch viel Stress drum, weil ich nichts mehr gemacht habe, wie mein Zimmer aufräumen, den Müll rausbringen oder sonstigen Haushaltskram, was man halt so macht. Meine Mutter hat so ne Abscheu gegenüber dem Computer entwickelt. Das hat sie mir mal so gesagt. Und dass sie es generell nicht gut findet.

Dr. Möller: War das auch der Grund, warum es zu Hause nicht mehr ging?
Kevin: Ich glaube, das war der Hauptgrund. Ich hab nicht mehr mit meiner Mutter geredet. Ich war nur in meinem Zimmer und hab WOW gespielt. Bis es zu dem Punkt kam, dass meine Mutter gesagt hat, »gut, dann verschwinde. Wenn du hier nicht mitmachen möchtest, dann geh.« Ich hab meinen Rucksack genommen und sie hat mich rausgeschmissen. Ich hab eine Nacht im Treppenhaus geschlafen und habe nochmals versucht, wieder in die Wohnung zu gehen. Aber meine Mutter hat mich nicht reingelassen. Dann bin ich morgens in die Schule gegangen.

Dr. Möller: Wie siehst du das im Nachhinein, dass deine Mutter eine Grenze gezogen hat?
Kevin: Das find ich gut. Das war das erste Mal, dass meine Mutter sich durchsetzen konnte. Dass sie endlich gesagt hat, hier ist Schluss und hier geht's nicht weiter. Das war das erste Mal, wo ich gedacht hab, das ist schon hart. Aber ich dachte immer noch, es geht irgendwie anders. Ich bin dann in die Schule gefahren und hab dort erzählt, dass ich rausgeflogen bin und nicht weiß, wohin ich jetzt soll. Da haben alle nur mit dem Kopf geschüttelt und gesagt, da hast du gelitten, da hast du Pech gehabt. Wir können dir da nicht helfen und wollen dir auch nicht helfen. Ich bin zum Jugendamt und die haben mich in die Inobhutnahme geschickt. Das ist so ne Einrichtung für Kinder und Jugendliche, die auf der Straße sind. Von dort aus hab ich mir eine Einrichtung gesucht, in der ich wohnen wollte.

Dr. Möller: Wie siehst du das im Nachhinein, dass dir in der Einrichtung auch Grenzen gesetzt wurden, als du eingebrochen bist?
Kevin: Das finde ich sehr gut. Die hätten ja auch sagen können, wir vergessen das Ganze und machen so weiter wie bisher. Das finde ich sehr gut. Das haben die nicht gemacht. Die haben mich rausgeschmissen. Das war das zweite Mal, dass ich rausgeschmissen wurde. Hier auf Teen Spirit Island bin ich auch noch mal rausgeflogen und ich merke, so langsam reicht's.

Dr. Möller: Ist das hilfreich für dich, dass man dir Grenzen aufzeigt?
Kevin: Ja, auf jeden Fall. Ich teste dann immer bis dahin, spring kurz rüber und krieg dann gleich ne Klatsche. Und irgendwann lern ich's jetzt. Noch zu Therapiebeginn hätt ich gesagt, was sind denn das für Vollidioten, warum schmeißen die mich raus. Ich bin doch gar nicht WOW-süchtig, bei mir läuft doch alles gut. Jetzt merke ich, dass das hilfreich ist. Jetzt sehe ich, dass ich früher total die Probleme gehabt habe und überhaupt nicht klargekommen bin. Dass ich ziemlich unglücklich war, mit mir selber auch. Dass ich mich

selber scheiße gefunden habe, immer schlechte Laune hatte. Wenn ich nicht WOW gespielt habe, war ich niemand. Ich war irgendwer, der nur zu Hause rumhockt und vor sich hin gammelt. Wenn ich WOW gespielt habe, hatte ich das Gefühl, ich bin jemand. Ich hatte ne komplett vollgestopfte Freundesliste. Ich hatte ne Gilde, die mich verstand. Als ich mit denen angefangen habe über das Real-Life [das echte Leben] zu sprechen, haben die gleich gesagt, stopp, das wollen wir gar nicht hören, wir haben selber Probleme.

Dr. Möller: Kannst du beschreiben, was dich so an dieser Welt des WOW und des Internet gereizt hat?
Kevin: Erstmal war es das Spiel selber. Es war nicht schlecht, es war ein gutes Spiel. Es ist immer noch gut. Es ist gut entwickelt und hat viel zu bieten. Nachteil an dem Spiel ist, man muss sich damit ewig beschäftigen. Man muss lange dranbleiben, um irgendetwas zu erreichen. Wenn man kurzfristig weggeht, kann man nichts erreichen. Wenn man gerade auf einen Gegner einprügelt und dann zu einem Termin muss, dann muss man sich entscheiden, ob man bei der Gruppe, bei der Gilde, bleibt oder zu dem Termin geht. Da ist der Druck ziemlich groß. Denn man will seine Leute nicht enttäuschen, mit denen man Sachen erlebt, mit denen man redet, mit denen man sich verständigt. Das ist im Nachhinein ziemlich dumm. Denn ich hab die Leute noch nie gesehen. Ich seh nur unten die kleinen Männchen, die über den Bildschirm flitzen, mit ihren Namen oben drüber. Im Chat sehe ich irgendwelche Buchstaben. Aber ich habe diese Menschen nie wirklich kennen gelernt.

Dr. Möller: Warum war das trotzdem reizvoll?
Kevin: Weil ich sonst keine Freunde hatte. Weil das meine einzigen Freunde waren. Das war zwar alles da, aber es war doch Luft. Eine Scheinparallelwelt, kann man sagen. Es war nicht die wirkliche Welt, aber es war ein Teil davon. Es gehörte dazu.

Dr. Möller: Wenn du zurückdenkst, was war für dich wichtiger, die Scheinparallelwelt oder die reale Welt?
Kevin: Die Scheinparallelwelt war auf jeden Fall wichtiger. Der Computer musste immer auf dem neuesten Stand sein. Die Patches [Softwareupdates] mussten rechtzeitig runtergeladen werden. Mein Internetanschluss war heilig, da durfte gar keiner dran. Und das Zimmer musste dunkel sein, damit ich die Müllberge nicht sehe. Da hatte ich eine bessere Atmosphäre im Dunkeln. Das Fenster war auch immer auf, denn es hat natürlich nicht nur an Ordnung, sondern auch an meiner Hygiene gehapert. Das heißt, die Heizung war an, das Fenster war auf, es war warm und es gab gute Luft. Hat man das Fenster für ein

paar Minuten zugemacht, hat es furchtbar gestunken. Ich hatte lange Haare, lange Fingernägel, die ich mir nicht mehr geschnitten habe.

Dr. Möller: Du bist schon seit sieben Monaten auf Teen Spirit Island. Was hilft dir hier?
Kevin: Die Konfrontation mit anderen Menschen. Meine soziale Kompetenz wird geprüft, ob ich mit den Leuten klarkomme, ob ich im alltäglichen Leben zurechtkomme. Ob ich fähig bin, mir abends die Zähne zu putzen. Lebensstruktur, eine feste Tagesstruktur. Man muss sich das so vorstellen: morgens aufstehen, anschließend gibt es Frühstück, dann werden die Zimmer geputzt, dann Joggen, sportliche Aktivitäten. Hier habe ich ein volles Programm Beschäftigung, mit ganz alltäglichem Leben. Zwischendurch habe ich Therapien, Gruppentherapien. Hier kann ich lernen, auf Themen einzusteigen, die andere haben. Ich kann schauen, habe ich das Problem auch. Hier kann ich lernen darüber zu reden, wie es mir gegangen ist, wie einsam ich mich gefühlt habe. Ich höre auch von anderen, dass sie einsam waren. Das führt uns alle gemeinsam weiter. Ich konnte das alles früher nicht. Ich konnte nicht mitteilen, mir geht es schlecht, lasst mich mal kurz in Ruhe. Ich konnte nicht sagen, wie ich mich wirklich fühle. Das kann ich erst jetzt ein bisschen. Jetzt kann ich sagen, mir geht es gut, ich hab Superlaune, dies und jenes fand ich nicht so toll, das hat mir ein bisschen auf'n Magen geschlagen, oder so was. Überhaupt mit Leuten zu reden, zu kommunizieren, das muss ich hier lernen.

Dr. Möller: Was hast du für dich für Perspektiven?
Kevin: Ich bin ja schon gegen Ende der Therapie. Ich weiß noch nicht genau, ob ich in meine alte Einrichtung zurückgehe oder in eine andere Jugendhilfeeinrichtung gehe. Ich will mit der Schule weitermachen. Ich hab nur einen schlechten Hauptschulabschluss, den ich gerade so geschafft habe. Ich will einen Realschulabschluss machen und wenn möglich Abitur. Das ist mir wichtig, vor allem weil ich vorhabe, das klingt jetzt zwar komisch, ich habe wirklich vor als Game-Grafik-Designer zu arbeiten.

Dr. Möller: Und dann wieder zu spielen wie früher?
Kevin: Das ist dann eher Nebensache. Das ist vielleicht ganz nett mal was zu spielen. Aber das soll nicht mehr das Hauptthema sein. Arbeit, Freunde, Bekanntschaften machen, draußen sein, den Alltag leben. Es ist nicht mehr hauptsächlich das Spielen und die Scheinrealität, die mich reizen.

Dr. Möller: Was würdest du anderen Jugendlichen mitteilen wollen.
Kevin: Anderen Jugendlichen? Anderen Jugendlichen kann ich nichts erzäh-

len. Die werden sagen, »was ist denn das für'n Typ. Der ist voll das Opfer, der kriegt sein Leben nicht auf die Reihe.« Dann sag ich euch Jugendlichen, man muss bei sich selbst schauen. Krieg ich mein Leben auf die Reihe? Wie lange spiele ich Computer am Tag? Wie viel Zeit verbringe ich mit meinem Smartphone? Wie viele wirkliche Freunde hab ich? Man kann das sogar testen. Ich kann mir sagen, ich nehm mir mal mein Internetkabel, das pinn ich mir an die Wand und benutze das drei Wochen lang nicht. Oder ich leg mein Smartphone für eine Woche weg. Wenn man das schafft, dann muss man sich fragen, wofür man das braucht. Wenn man solange was anderes macht, ist das ein übles Gefühl. Die erste Woche ist die schwerste. Die erste Woche starrt man auf das Kabel und sagt sich, scheiße, eigentlich könnte ich ja, aber will ich denn? Die zweite Woche geht eigentlich. Man hat Beschäftigungen gefunden wie Fernsehen gucken oder mal rausgehen und nen Sparziergang machen. Dann auf einmal findet man Spaß daran und hat Spaß, etwas mit anderen zu machen. In der dritten Woche hat man Sachen gefunden, die man gerne macht, zu denen man gar keine Zeit mehr gefunden hat, wenn man WOW spielt. Und dann schaut man noch mal auf das Kabel und sagt, eigentlich brauch ich dich ja gar nicht. Du bist ja manchmal ganz nett, aber eigentlich hab ich andere Sachen, die ich lieber mache. Ich für mich hab das Gitarrespielen entdeckt. Das bedeutet, dass ich viel hinter der Gitarre hänge und auch schon ziemlich gut bin. Ich bin immer noch fleißig am Lernen.

Dr. Möller: Was würdest du Eltern und Lehrern empfehlen die mitbekommen, dass Jugendliche sich im Internet verlieren?
Kevin: Das ist schwer. Denn wie gesagt, Jugendliche lassen sich von niemandem etwas sagen (überlegt lange). Ich würde sagen, »achtet auf eure Kinder. Achtet darauf, was sie machen und wie lange sie es machen. Ob sie draußen sind.« Denn wenn sie nicht raus wollen, ist das schon mal ein Zeichen dafür, dass sie lieber drinnen sind und etwas anderes machen wollen. Grenzen setzen ist auch eine Idee. Bei mir hat es funktioniert. Ich weiß nicht, ob es auch bei anderen funktioniert.

Hier habe ich Trost und Anerkennung gefunden

Stefan 18 Jahre, Eltern getrennt lebend
(war 8 Monate auf Teen Spirit Island)

Teil II Interviews – Ehemals Abhängige berichten

Dr. Möller: Stefan, warum warst du auf Teen Spirit Island?
Stefan: Also, ich habe in den letzten Jahren nur noch Computerspiele gespielt und alles andere vernachlässigt, bin nicht mehr in die Schule gegangen, hab keine Freunde mehr getroffen und so was.

Dr. Möller: Wann hat das bei dir angefangen?
Stefan: Bei uns zu Hause gab es immer viele Computer, da mein Vater in der Branche arbeitet. Deshalb habe ich schon mit 7 Jahren gespielt. Das war aber nicht so viel, vielleicht 2 Stunden am Tag, später dann mehr. Ich wollte immer einen eigenen Computer haben, aber meine Eltern haben gesagt, erst zur Konfirmation. Von dem Konfirmationsgeld habe ich mir dann einen geilen Computer mit guter Grafikkarte und so gekauft, hat auch viel Geld gekostet. Den hatte ich dann in meinem Zimmer. Anfangs hab ich mich noch halbwegs an die Absprachen gehalten, aber mit 15 Jahren bin ich dann nicht mehr in die Schule gegangen, hab die ganze Nacht gespielt und dann um 3 oder 4 Uhr morgens geschlafen bis mittags. Dann aufgestanden, Computer hochgefahren und weitergespielt.

Dr. Möller: Haben Deine Eltern das so mitgemacht?
Stefan: Nee, meine Mutter hat versucht, mir das zu verbieten, auch mal versucht mir das WLAN abzustellen. Aber die kennt sich zum Glück nicht aus und so hab ich's gleich wieder klar gemacht, als sie geschlafen hat. Mein Zimmer hab ich abgeschlossen. Wenn meine Mutter mir gedroht hat, bin ich aggressiv geworden, bin viel größer als sie, da hat meine Mutter wahrscheinlich Angst gehabt. Irgendwann haben wir uns dann in Ruhe gelassen und so nebeneinanderher gelebt. Meine Mutter musste morgens ja zur Arbeit, da konnte ich in Ruhe schlafen und abends war sie müde, dann konnte ich in Ruhe spielen.

Dr. Möller: Wie war das bei deinem Vater?
Stefan: Der war ein bisschen strenger, der arbeitet aber im IT-Bereich und hat gute Rechner und sieht das nicht so wild. Nur nachts lief da nichts. Anfangs habe ich dann Spiele auf dem Smartphone gespielt. Irgendwann bin ich nicht mehr über Nacht zu meinem Vater gegangen. Der hat ne neue Frau mit einem kleinen Kind, gab sowieso nur Stress.

Dr. Möller: Was für Spiele hast du gespielt?
Stefan: Anfangs Fifa und so was. Später dann Battlefield und Fortnite, aber auch Egoshooter wie Counterstrike.

Dr. Möller: Was hat dich an den Spielen so begeistert?
Stefan: Man wird da immer besser, ich war richtig gut, die anderen haben mich bewundert. Ich kam da in so einen Flow, habe die Zeit total vergessen, gespielt und gespielt. Oft waren 10 Stunden vergangen, ohne dass ich es gemerkt habe. Ich habe Kontakt mit anderen gehabt. Das war richtig gut. Ich hatte ziemlich viel Stress mit meinen Eltern, in der Schule, das war nicht schön. Beim Spielen habe ich Trost und Anerkennung bekommen und konnte den ganzen Scheiß in meinem Leben vergessen.

Dr. Möller: Wie bist du aufgewachsen?
Stefan: Die ersten Jahre waren ganz gut, da kamen meine Eltern auch gut miteinander klar. Später kam dann immer mehr Stress, wir haben ein Haus gebaut, mein Vater hat nur noch gearbeitet, war den ganzen Tag weg. Meine Mutter war überfordert, war auch mal in der Klinik wegen Depression. Meine Eltern haben sich nur noch gestritten. Mein Vater hatte irgendwann ne Freundin und ist dann ausgezogen. Als ich 10 war haben sich meine Eltern scheiden lassen, das Haus wurde verkauft und ich bin mit meiner Mutter in ihre Heimatstadt in die Nähe meiner Großeltern gezogen. Da kam ich in ne neue Schule, bin da anfangs gar nicht klargekommen, irgendwann ging es dann so. Früher hatte ich ne tolle Klasse und einen guten Freund, aber den hab ich ja jetzt nur noch selten gesehen, wenn ich bei meinem Vater war. Früher war ich im Fußballverein. Hab das auch wieder angefangen, aber es war nicht mehr so wie früher. Dann hab ich irgendwann nen Smartphone bekommen, noch so ein altes Ding von damals und hab angefangen, immer mehr zu spielen und zu chatten. Konnte auch den Computer meiner Mutter benutzen, aber der war nicht so gut und wenn sie ins Bett ging, war anfangs auch nichts mehr mit Spielen.

Dr. Möller: Wie war das mit der Schule bei dir?
Stefan: Anfangs war ich eigentlich ein ganz guter Schüler, habe das Gymnasium besucht. Nach dem Schulwechsel war es auch nicht so schlecht, nicht mehr ganz so gut wie früher, aber Probleme hatte ich eigentlich nicht. Erst als ich meinen eigenen Computer hatte, hat mir die Schule keinen Spaß mehr gemacht, ich war immer müde und wollte weiterspielen. Mit 16 hab ich dann angefangen zu schwänzen und bin nur noch manchmal in die Schule gegangen, das ging so ein Jahr. Im letzten Jahr bin ich gar nicht mehr in der Schule gewesen. Anfangs gab's Ärger, aber irgendwann haben die mich wohl vergessen, seitdem ging's mir auch wieder besser. Scheiße ist natürlich, dass ich jetzt keinen Abschluss habe, das ist schon blöd.

Dr. Möller: Wie bist du zur Therapie gekommen?
Stefan: Meine Mutter konnte irgendwann nicht mehr; ist dann auch noch mal zur Therapie gegangen und hat mir gesagt, dass sie das so nicht mehr könne. Ich werde bald 18, dann könne ich nicht mehr zu Hause wohnen, wenn ich nichts mache außer Computerspielen, nicht zur Schule gehen und mich von ihr bedienen lassen. Als meine Mutter in der Klinik war, musste ich zu meinem Vater, da bin ich erst gar nicht klargekommen, da gab's klare Zeiten, und dann war der Computer weg. Als der mitbekam, dass ich dann die ganze Nacht am Smartphone bin, hat er gesagt, ich muss was ändern und ist mit mir zu einer Beratungsstelle gegangen. Die haben mir dann Teen Spirit Island empfohlen. Hatte ja keine andere Wahl, meine Mutter hätt mich so nicht mehr genommen, meine Vater war plötzlich sehr streng und ich hatte ja keine Perspektive ohne Schulabschluss.

Dr. Möller: Wie blickst du auf die Zeit auf Teen Spirit Island zurück?
Stefan: Anfangs war das schon krass kein Computer, kein Smartphone, lauter Fremde Leute mit denen du klarkommen sollst. Dann die vielen Regel, morgens aufstehen, was Essen, Joggen gehen, Gruppentherapie, die haben immer so Sachen gefragt, die hab ich gar nicht verstanden. Ich wollte anfangs immer weg, aber meine Eltern haben gesagt, sie holen mich nicht und ich wusste nicht wohin, also bin ich geblieben. Mit der Zeit kam ich dann besser klar mit der Therapie, mein Therapeut war echt cool, mit dem konnte ich reden und der hat mich verstanden, auch meine Bezugsperson. Jetzt verstehe ich auch die Regeln, der Tagesablauf hat mitgeholfen, mich abgelenkt, ich hatte was Sinnvolles zu tun und habe nicht die ganze Zeit an die Spiele gedacht. Das Klettern war gut, hab gar nicht geglaubt, dass ich so was kann, heut bin ich immer noch in einem Kletterverein und hab da auch einen Freund gefunden, war im Sommer auch auf einer Kletterfreizeit mit, das war echt klasse und ich kannte das ja schon von der Therapie. In der Familientherapie habe ich auch wieder mit meinen Eltern reden können. Auch zu meinem Vater habe ich wieder einen guten Kontakt. Meiner Mutter geht's auch wieder besser.

Dr. Möller: Wie lebst Du heute?
Stefan: Ich bin in einer WG vom Jugendamt, da kommt jeden Tag jemand vorbei und unterstützt einen. Komme mit den anderen Jugendlichen dort gut klar, gehe zum Klettern und mache bei der Volkshochschule gerade meinen Realschulabschluss nach. Manchmal besuche ich meine Eltern an den Wochenenden, das ist voll gut, dass das ohne Streit wieder geht.

Dr. Möller: Wie denkst du im Nachhinein über Deine Computersucht?
Stefan: Also in dem Moment war das schon gut, alles zu vergessen, der Flow und die Erfolge. Aber ich hatte ja nichts, eigentlich war meine Leben ja ziemlich scheiße; nur Stress, keine Freunde mehr und keinen Abschluss. Aber das habe ich ja nicht mehr gemerkt. Ohne die Grenzen von meinen Eltern wäre ich jetzt noch drauf. Im Nachhinein hätten sie das mal früher machen sollen. Ich bin damals ja immer ausgetickt, wenn meine Mutter mir ne Grenze gesetzt hat und dann war wieder Ruhe. Es ist schon krass, wie man sein Leben im Computerspiel verlieren kann.

5 Fazit

Beim Lesen der Interviews werden vermutlich viele Fragen aufgetaucht sein. In der einen oder anderen Beschreibung werden Sie sich vielleicht wiedergefunden haben, anderes ist Ihnen gänzlich fremd. Jugendliche in Notsituationen teilen hier etwas über sich mit, jenseits von Streit, Auseinandersetzungen, sich Verweigern und Kontaktabbruch, die den Alltag geprägt haben. Diese Jugendlichen berichten offen über ihre Erlebnisse, was sie dabei gefühlt und durchgemacht haben und was ihnen geholfen hat, einen anderen Lebensweg einzuschlagen. Der Blick nach der Therapie zurück auf das Leben mit Drogen oder Computer häufig verbunden mit Krisensituationen, unterscheidet sich deutlich von der oft ausweglos erscheinenden, verzweifelten Situation vor Beginn einer Therapie.

Eltern, Lehrer, professionelle Helfer und andere, die mit Jugendlichen zu tun haben, können hier Zugang zum jugendlichen Gegenüber und Verständnis entwickeln. Kinder und Jugendliche suchen und brauchen ein Gegenüber, um sich entwickeln zu können. Denn die gesunde seelische Entwicklung vollzieht sich im Wechselspiel, in der Begegnung mit einem Gegenüber, zwischen Ich und Du. Wir erleben und verhalten uns in Bezug auf einen sozialen Kontext. Psychische Probleme äußern sich häufig primär in der Interaktion, in der Begegnung mit anderen Menschen. Besonders wenn Drogen oder exzessiver Mediengebrauch im Spiel sind, ist der Blick getrübt und eingeengt von gegenseitiger Anschuldigung und von Schuldgefühlen. Entwicklungspotentiale und Räume sind verschüttet. Gegenseitiges Verständnis und Zugang sind nicht möglich.

Gerade Jugendliche reagieren sehr sensibel auf die Haltung und Art und Weise, wie wir ihnen begegnen. Stehen wir zu dem, was wir vermitteln, oder teilen wir mit Worten etwas anderes mit als durch unser Tun und unsere nonverbalen Mitteilungen? Sind wir uns und dem anderen gegenüber ehrlich und offen? Oder versuchen wir unsere eigene Betroffenheit und unser Gefangensein durch den »Lebensaltersvorsprung«, beruflichen Status und scheinbare berufliche Legitimation zu überspielen? Als Erwachsener wird man bei Jugendlichen nicht akzeptiert werden, wenn man ihnen vermittelt, Rauchen und Trinken seien schlecht, oder zu viel Smartphone sei ungesund, dann aber von den Jugendlichen mit Zigarette und Bier in der Kneipe angetroffen wird, oder die ganze Zeit nur mit dem Smartphone beschäftigt ist statt mit seinen Kindern zu sprechen. Authentizität und eine klare Haltung erleichtern einen Zugang zu und Akzeptanz bei den Jugendlichen zu bekommen.

Jugendliche stellen die Werte und Normen von Erwachsenen in Frage, müssen sich von ihren Eltern lösen und etwas Eigenes entwickeln. Auf diesem Weg benötigen sie ein Gegenüber, mit dem sie sich reiben und an dem sie sich orientieren können. Beliebigkeit und Grenzenlosigkeit sind auf diesem Weg nicht hilfreich. Ein Gegenüber zu sein erfordert die Bereitschaft, sich mit sich selbst und dem Jugendlichen kritisch auseinanderzusetzen. Eine gewisse Standhaftigkeit und Ausdauer sind nötig, im Sinne von Orientierung, Sicherheit und Schutz für den Jugendlichen. Die eigenen Grenzen werden herausgefordert und lange vergessen geglaubte Aspekte der eigenen Biografie können berührt werden. Für eine gesunde seelische Entwicklung sind vor allem in der frühen Kindheit verlässliche, tragfähige und stabile Beziehungen notwendig. In der Adoleszenz ist ein verlässliches Gegenüber hilfreich, das Orientierung, Auseinandersetzungsmöglichkeiten und Halt im Auf und Ab der sich suchenden und entwickelnden Persönlichkeit bietet. Diese wünschenswerten Rahmenbedingungen müssen aber individuell ausgefüllt und ergriffen werden.

Die Interviews sollen anregen, die eigene Sichtweise kritisch zu hinterfragen, in Kontakt mit diesen Jugendlichen in schwierigen Lebenssituationen zu kommen, die eigenen Grenzen wahrzunehmen, sie deutlich zu machen und eine eigene Haltung zu entwickeln. Denn letztlich ist es die Bereitschaft des Erwachsenen, sich auf den Jugendlichen einzulassen, sich mit ihm auseinanderzusetzen und mit einer eigenen, klaren und verlässlichen Haltung Orientierung und Rückhalt zu bieten, die Entwicklungsräume eröffnen und ermöglichen – sei es in der Eltern-Kind-Beziehung, in der Lehrer-Schüler-Begegnung oder in einem therapeutischen Rahmen.